The
More
of
Less:

Finding the Life
You Want Under
Everything You Own

擁有越少，越幸福：

擺脫物質束縛
讓人生煥然一新的極簡之道

約書亞・貝克 Joshua Becker／著
柯博昌／譯

每一位對「成為極簡主義者」網站（Becoming Minimalist）有貢獻的讀者，您的支持與鼓勵，都給予我相當豐富的靈感，也促成了本書的誕生。期盼您們的生活亦能持續鼓舞他人，活出「擁有越少，越幸福」的生活。

目錄 CONTENTS

Chapter 1

成為一名極簡主義者

Becoming Minimalist

二〇〇八年，眼見陣亡將士紀念日當天會有不錯的天氣，這在佛蒙特可不常見。因此我和內人小金決定星期六去做些採買，辦點家裡的雜事。春季大掃除是我們那個週末的主要目標，一切就從車庫開始。

星期六一大早，當小金和我們強媬中的女兒還在熟睡之際，我就起身幫兒子薩林準備煎蛋和培根當作早餐。我想，吃完一頓豐盛的早餐後，也許他就有那個心情幫他老爸打掃車庫。現在回想起來，我還真搞不清楚，我當時到底為什麼會認為一個五歲大的孩子會迫不及待想要清理車庫，但無論如何我還是希望他能幫忙。早餐過後，我們就開始著手打掃了。

我們那兩個車位大小的車庫早就堆滿了東西。箱子一個個堆得高高的，最上頭的箱子已經搖搖欲墜，幾乎要從架上掉下來。腳踏車全都亂成一團倚著牆放。園藝用的水管也雜亂地圍成圈圈放在地上。許多時候，我們必須從堆得滿坑滿谷的車庫中，奮力擠出一條路才能通行。

我說：「薩林，這就是我們要做的事。經過一個冬天，車庫變得又髒又亂，我們要把全部的東西搬到車道上，然後徹底清洗車庫，等到風乾後再把東西分門別類放回去。」

小傢伙點點頭，煞有其事似地，假裝聽得懂我剛才所說的話。

我要薩林幫我把一個塑膠箱拖出來。很不巧地，這個箱子裡裝的全都是薩林的玩具。可以想見，當我兒子與他好幾個月不見的玩具重逢時，他最不想做的事就是幫我清理車庫了吧！他一把抓了威浮球和球拍，迫不及待地往後院走。

正要步出車庫時，他突然停了下來。「爸比，你會陪我玩嗎？」他一邊問我，臉上流露出祈求的表情。

「不好意思，我現在沒辦法陪你玩耶，小朋友。」我說，「不過我們一打掃完就可以玩了，我保證。」

我咬牙看著薩林深棕色的小腦袋消失在車庫的角落。

一個早上就這樣過去了，事情一件接著一件，要陪薩林玩球這件事越來越無望。我還在車庫裡忙個不停，直到稍晚時小金來叫我和薩林吃飯。

我繼續把事情給搞定，同時還注意到我們隔壁的鄰居茱恩，也正在她的院子裡忙著澆花。茱恩是位有著花白頭髮的老婦人，總是對我們一家投以親切的微笑。我向她揮手示意，然後繼續進行手邊的工作。

當時我正努力清洗車庫，並把所有東西整理好。這份苦差事花的時間比我預想的還要久。當我幹活兒時，心中一直回想起這幾次整理東西時那種煩心的感覺，這次也不例外。更糟的是，我在整理的時候，薩林一直跑過來，試圖說服我去陪他玩耍。我每次都說：「等等，薩林，我快搞定了。」

也許是我的肢體語言和語調，讓茱恩看出了我的沮喪。當我們碰巧擦身而過時，她打趣地對我說：「啊，這就是擁有房子的樂趣啊！」她那天也幾乎都在打理家中的事務。

「這個嘛，你也知道，俗話說得好，『當你擁有越多事物，你也會越來越被那些事物給占有』。」

我其實根本不需要這些東西。

當我回頭看著我整個早上苦命勞動的結果——車道上一大落髒兮兮、積滿灰塵的東西——這句話不斷在我心中迴響著。突然間，我眼角餘光瞄到我兒子還在後院自己一個人玩耍。

這兩個畫面深深烙印在我的心中，我開始意識到，造成我這麼不滿足的罪魁禍首是什麼。

它就是堆在車道上的那些東西。

我已經知道「擁有越多物質，並不等於幸福」這個道理。這不是每個人都知道的事嗎？至少我們都明白這些身外物並不能給我們帶來真正的滿足。但在那一刻，就在我俯身檢視那堆東西時，我突然有了更深一層的體悟：**不只是這些身外物無法帶給我快樂，甚至，它們根本就是阻撓我得到快樂的絆腳石！**

我跑進屋裡，看到我太太正在樓上刷澡缸。我一面喘氣，一面對她說：「小金，你絕不會想到剛剛發生了什麼事。茱恩說我們根本不需要擁有那麼多東西。」

於是一個奉行極簡主義的家庭就這麼誕生了。

新的召喚

那個週末，我和小金開始討論丟掉哪些東西可以讓我們的生活更精簡，並且幫助我們把注意力拉回到那些對我們來說真正重要的事物上。我們開始把東西賣掉、送人，把用不上的東西丟掉。半年內，我們已經處理掉一半的東西。很快地，我們便見識到極簡主義的好處，同時也進一步發展出每個人都能從中受益，一種更有意義、更簡單的生活哲學。

我對於這項改變感到非常興奮，於是在紀念日當天結束時，我開了一個網誌，標題為「成為極簡主義者」（Becoming Minimalist），目的是記錄我們家在極簡這條路上的點滴。剛開始，這個網誌對我來說只是一個紀錄而已。不過接下來，有趣的事情發生了。

一些與我素不相識的路人開始閱讀我的網誌，並且在他們的朋友圈中口耳相傳。我的粉絲人數立刻成長到幾百、幾千，甚至到上萬人，至今還在持續增加中。

於是我不斷在想，到底發生了什麼事？這到底意味著什麼？多年以來，我在許多教會擔任學生事工牧師。在佛蒙特，我們是全新英格蘭規模最大的學生教會。我喜愛幫助這些中高學年的學生們找到他們生命中更偉大的靈性意義。然而，這個極簡主義的部落格卻讓我開始感受到，這就是我命中注定的天職。

我開始收到一些詢問要如何實踐極簡生活的電子郵件，也收到一些媒體和演講邀約。倡導極簡主義成為我一項深層且永誌不渝的熱情。我意識到這是一項重要的訊息，可以幫助全世界各種不同背景、不同信仰的人們過更好的生活。也許我該考慮把提倡極簡生活變成我的全職工作。

為了這項實驗性的轉變，二〇一二年，我答應搬到亞利桑那州兩年，幫我朋友在那兒建造新的教堂，同時也開始我的新事業。兩年後，我開始全職推廣極簡主義。

如今，我的網誌比以往都更熱門，每個月有超過一百萬名讀者瀏覽。我還發行了一份報刊，出了幾本書。近期也越來越多人找我去一些永續會議、專業協會、企業活動、基督教的團契，以及其他大大小小的聚會上演講。將極簡主義發揚光大的機會越來越多。

從那次車庫掃除的經驗後，我從奉行極簡主義中獲益良多。其中一些最棒的發現就囊括在本書中。但我將會不斷地回過頭來強調我第一天成為極簡主義者所發現的洞見：**過多的擁有物並不會讓我們快樂。甚至，它們根本就是阻撓我們得到快樂的絆腳石。我們一旦放下那些不重要的事物，就能自由地追求對我們來說真正有意義的事。**

這個訊息，對現代這個標榜「擁有越多物質越好」的社會來說實為迫切。而我也相信這項訊息將會帶領你進入嶄新的生活，獲致更大的幸福。

你的衣櫥向你透露了什麼？

威爾・羅傑斯[1]曾說過：「有太多人花費他們根本賺不到的錢，去買他們根本用不到的東西，只為了讓他們根本不喜歡的人對他們印象深刻。」如今，他的分析甚至比當時說這句話時更為貼切。我懷疑這在世上最富有的國家更是如此。且讓我以我自己的國家美國為例。

在美國，我們的物質消費是五十年前的兩倍。同一期間，美國人家的規模已成長為將近過往的三倍，如今每個家庭平均有三十萬個物件。平均而言，每戶人家的電視數量比家中人數還多。美國能源部報告指出，百分之二十五擁有雙車位車庫的人，因為過於雜亂而沒有空間停車，另外百分之三十二人的車庫只能停得下一輛車。居家整理服務幫忙人們從一片混亂中找到空間，現在已成為八百萬營業額的產業，每年成長一成。如今每十個美國人之中就有一位會另外租用倉庫，這在過去四十幾年間也成了美國成長最快速的不動產。

無怪乎有這麼多負債問題了。每家的信用卡負債超過一萬五千元美金，貸款則是超過十五萬美金。

相關的統計數字我就不再贅述了，因為我不想讓閱讀此書的你感到沮喪。而且你也不需要靠統計數字或研究來認清自己擁有太多東西的傾向。你每天在家中走動時都能徹底感受到這項事實。生活空間內總是堆滿了琳瑯滿目的物品。地板上也堆滿了東西，衣櫥塞得滿滿滿，抽屜也近乎要爆炸。連冰箱都裝不下你想裝的食物。櫥櫃的空間似乎永遠不夠。

我猜對了嗎？

就算你可能把大部分的東西都做好分類，但，我猜你還是會嫌自己東西太多，試圖處理它們。但你怎麼知道哪些東西該留，哪些該丟？你會怎麼處理那些你不需要的東西？你怎麼知道要擁有多少東西才合理？

你拿起這本書，可能是期望本書能教你怎麼整理家務。我保證你會得到這方面的知識。但本書還不只如此！我將會告訴你如何從自己的擁有物中找到隱含的生活價值，那就是「少即是多」的概念，請注意，這句話的重點在於「多」。

你不只會擁有一棟乾淨的房子，還會從此過著更滿足、更有意義的人生。你一直以來都在追尋更好的人生，而極簡主義就是邁向更好人生的不二法門。

我會對你據實以告。對於這本書，我內心有個很大的期待和夢想，那就是我想要把極簡主義推廣到全世界，或者至少要能擴及我的國家，因為這裡每天都有五千則左右的廣告說服我們買更多東西。我想成為那個勸人少買東西的聲音，因為當有成千上萬的人採行極簡生活，對我們的世界將有莫大的潛在益處。

極簡主義的普遍益處

擁有越少，就會發現更多前所未有的樂趣。在這個不斷鼓吹我們要買更多東西的年代，我們常對這項事實視而不見。不過，要是你遵從本書中所說的幾項極簡主義原則，你會在下列這些方面獲得極大的益處，而且終生都受用。

多出更多時間與能量——我們不管是拚命賺錢、搜尋和購買，清潔和整理、修繕、替換或賣掉這些身外物，每一項活動都會耗費我們的時間和精力。因此，擁有的物品越少，我們的時間和精力就越會多，能夠去追尋其他對我們而言更重要的事。

多出更多錢——這道理夠簡單了：少買東西就少花錢。為了得到這些物品，不只一開始就要花錢買，日後更是要管理及維護這些東西。不只是賺更多錢，少買點東西也能讓你的經濟更為寬裕。

變得更慷慨——更無欲無求、更節儉的生活型態，為我們在乎的事物提供了金錢上的支持。錢財只有在我們願意花它的時候才有價值，比有形財產更有價值的事物多得是，數也數不盡。

壓力減少——我們身邊的所有東西都會搶走我們的注意力。這些細小的分心物會越來越多，擋住我們對自己真正關心的事物的注意力。在現代社會中，誰還需要這麼多讓人分心的事物呢？

擁有更有質感的東西——平常少花點錢在過量的事物上，當有需要時，你就更有機會去購買品質好的東西。極簡主義不代表克難度日。它是一種認清「擁有更多東西並不會更好，而是擁有更好的東西才會更好」的哲學。

為我們的孩子們樹立好榜樣——孩子們最常從我們口中聽到哪三句話？是「我愛你」

嗎？還是「我想要那個」？抑或是「那個在特價」、「我們去買東西吧」。讓孩子不要被這種失控的生活方式洗腦，為他們樹立典範是很重要的。

替別人省下麻煩——如果我們不努力把物品好好歸類和縮減，那麼等到我們死後或再也顧不了這些東西的時候，就是別人（可能是我們親近的人）來幫我們處理這些負擔了。謹守極簡的道路，就能替他人省下不少麻煩。

較少與他人比較——我們的天性就是愛與身邊的人比較。加上我們似乎內建了一種企圖用「擁有多少物質」來引起別人注意的傾向，一切就像威爾・羅傑斯[1]所說，這根本就是人生災難的大雜燴。有目的性地減少擁有物會將我們帶出這場永無休止的競爭遊戲。

更容易滿足——我們傾向認為只要得到我們缺少的物品，那種不滿足的感覺就會消逝，然而正是此一想法讓我們不快樂。物質財產永遠不會令我們貪得無厭的心得到滿足，那也是為什麼我們總是不斷購物的原因。唯有打破這種不斷累積的循環，我們才能看出什麼東西會真正富足我們的生命。

更花時間、更花錢、更無壓力、注意力更集中、更多自由。這些聽起來都很吸引人，不是嗎？你將會在本書中獲得更多相關的資訊，告訴你如何自己創造出這些人生價值。

即便上述提及的好處已經足以構成實行極簡生活的理由，但其好處還不只這樣，奉行極簡主義還會帶來其他更個人化的好處。對自己不需要的東西進行斷捨離，將是邁向理想人生的第一步。

實現你最大的熱情

當我們擁抱極簡主義，就能夠自由地追求我們最大的熱情。對我們當中某些人來說已經很久都沒有辦法得到內心最大的快樂了（不管我們把哪些事情定義為「快樂」）。

簡樸生活讓我們有更多時間去做更有意義的活動，更能自由自在地去旅行，在靈性的追求上更為清明，為我們的心騰出空間，去解決我們內心真正困擾的問題，經濟上也變得更為寬裕，足以支持我們對珍視事物的追求，對於我們想追求的事業也有更大的彈性。

以我本身為例，我可以自由地邀請他人一起探索極簡生活的好處。在很多方面，我覺得自己好像在別人生命中扮演鄰人的角色。感謝茱恩把極簡主義介紹給我，也很感謝自己有幸能將它傳給其他人。

我個人另一項從極簡主義中獲得的益處就是與他人關係變好。我愛上花更多休閒時間陪我最親密的家人、親戚和朋友。我還是固定會在教堂服侍，擔任志工，跟以前一樣。同時，我也能在較少干擾的情況下維護我與神的關係、享有更多自由，這對我來說比什麼都重要。

最近更令我感到興奮的是，由於本書的獲益，我和我太太得以能夠創辦一個名叫「希望的力量」（The Hope Effect）的非營利機構。該機構旨在透過模仿正常家庭的組成模式，來改變世界對孤兒的照顧方式。當對這個非營利組織有任何想法時，我和小金便互相鼓勵：「有何不可呢？我們就用我們現有的資源來做些有意義的事吧！」由於我們的財務支出很節制，所以能夠無後顧之憂地做這些事。稍晚我會告訴各位更多有關這項計畫的事。

我的人生證明了：**屏除不必要的東西，會創造好幾倍的機會去追求自己真正在乎的事。**結果會產生巨幅的個人滿足感。也許你夢寐以求的生活就埋藏在那些所有物之下！

所以，讓我問你一個問題：什麼是你擁有極大熱情，卻尚未完成的事物？如果將這些身外物斷捨離，什麼事情是你可能會享受、追尋並完成的？你想要跟心愛的人有更緊密的接觸嗎？想好好看看這個世界？從事藝術創作？增進體能？獲得經濟上的安全感？設立一個廣大的目標？

當你閱讀本書時，將這些夢想牢記於心，因為那就是這本書的核心。這不僅是關於減少擁有物而已，更重要的是擁有更廣大的人生！

你能從本書得到什麼？

希望各位讀者能夠對本書所蘊含的可能性感到開心。我還有好多有關極簡主義的事想告訴你，不管是它的哲學還是它的實踐方法。我相信這會是一本讓你不斷回想反思的書，在心裡大叫：「這本書改變了我的一生！」當你看完本書後，我也希望你能推薦給其他人。

簡而言之，這本書不只記錄了我成為一名極簡主義者的心路歷程。雖然我將會分享一些我在這條路上的故事來佐證我想傳達的事情，希望能提供各位一些啟發，但這本書並非以我為主，而是一本關於你的書，告訴你減少擁有物的樂趣，告訴你如何奉行極簡生活並改善人生。

我也會帶你認識其他刻意過著極簡生活的人，他們大多數都曾經過著跟你一樣的生活，而他們的消費習慣，將會給踏上極簡旅程的你一些啟發和靈感。例如，你將會認識：

特洛伊，一個在油漆窗臺時想到該如何進行極簡主義冒險的人。

安妮特，一個寧可決定到處旅行，而不擁有房子的人。

瑪格，因為從家裡丟了一千件物品而對自己感到讚嘆不已。

寇特妮，藉由減壓人生而減緩致命疾病的人。

萊恩，把私人物品全部打包裝箱，然後只把所需物品拿出來的人。

莎拉，藉由一整年都不買新衣而永遠擺脫血拚的習慣。

潔西卡，從十五歲就開始建立她自成一格的極簡生活哲學。

阿里，放棄了她最珍貴的珠寶首飾，並且透過這個方式改變了世界另一個角落人們的人生。

你也會注意到，我在本書中會列舉許多聖經中的故事。我的宗教背景讓我在成為極簡主義者這件事上扮演了相當重要的角色。你將會在接下來的內容中，看到我時不時地帶到這兩者間的關聯。

如果你本身信仰其他宗教，或是沒有信仰，我覺得這些故事對你來說仍然相當有趣且實用。它們強調並詳盡說明了一些關於生命與周遭世界的不變真相。不久你就會明白我為什麼選擇把這些內容涵蓋進來。

根據我與全球許多人的接觸，談論有關極簡生活的好處，我並不急著下結論，告訴你每個人都能從極簡主義中得到生活轉化。只要繼續讀下去，讓我慢慢證明給你看就好。這就像是一顆種子，它所夾帶的訊息是如此簡單，並且充滿成長的契機。

近在咫尺

我還記得，二〇〇八年勞動節那個星期六是個風和日麗的日子，跟三個月前我垂頭喪氣地整理車庫時一樣。那天我和小金幾乎沒什麼家事要做。雖然我們還沒徹底完成我們的斷捨離計畫，但我們已清理到一個程度了，不用再像以前那樣那樣在屋裡忙進忙出的。因此我們全家整天都可以隨心所欲地待在一起做我們喜歡做的事。我們沿著家附近的木頭鐵道散步慢行，在露臺上享用了一頓悠閒的午餐，幫孩子們推鞦韆。

傍晚稍早，我和薩林一起去家門前的安靜街道上走走。他正在學騎腳踏車，我很驕傲地扮演老爸的角色，幫他扶正他的安全帽，推他一把，幫他踩出第一步，在街上跑來跑去，確保他騎地穩當。我真的很高興能看到他抓到這項新技能的訣竅。

回家前，我向薩林下戰帖，看能不能在這一帶靠自己騎車，不靠任何人幫忙騎上路。我則是騎著我自己的車陪在他身邊。這是我們第一次一起騎車。

經過街角時，我看到我們其中一位鄰居精疲力竭、面有菜色地站在車道上清理他的車庫。

我對自己投以微笑。

未來有一天，當時機成熟，我或許會告訴他一個讓他人生改頭換面的訊息：你其實不需要擁有那些東西。

註釋：

1 Will Rogers（1879-1935），英國喜劇演員、專欄作家。

Chapter 2

好的斷捨離

Good Riddance

當你聽到「極簡主義」時，心中想到的是什麼？

如果你也像其他人一樣，劈頭就想到克難、匱乏和家徒四壁，或是一個人枯坐在家裡，身邊沒有任何家具。

或許你會把極簡主義的意義想成是一種自我剝奪的行為，為了節儉而節儉。那這件事會變得多麼無趣啊！誰想要這樣？

但讓我告訴你吧，這些與我所要告訴你的極簡主義簡直有天壤之別！

對我來說，極簡主義與上述完全相反。它對我來說是自由、和平和喜樂。意味著對新的機會騰出敞開的空間。這才是真正「好的斷捨離」，因為它清理了我們與我們理想生活間的障礙。

其實我對極簡主義本身並不是那麼有興趣，重點是我想幫助人們達到他們能力所及所能過的最好生活。對我們這種居住在先進國家的人來說，這幾乎就等於我們得減少有形財產，而非不斷追求更多。正因如此，我們才需要學會斷捨離的技巧，作為實現這個目標的手段。

有鑒於此，以下便是我個人對「極簡主義」的定義：

極簡主義是有意識地提升我們珍視的事物，去除任何從中阻礙及蒙蔽我們找到這些珍寶的東西。極簡主義的美妙之處不在於把東西拿走，而是當中隱含的收穫。

特洛伊．寇伯斯基一定也會同意這句話。

希望的誕生

「我今天之所以成為一名極簡主義者，」特洛伊開始敘述，「是因為我家的顏色。」我從來沒聽過這個說法，於是我請他解釋一下箇中原因。特洛伊是個年約四十、有著一頭紅髮和紅鬍子的高個兒。我是在明尼蘇達州的一場簡單生活會議上聽他分享這個故事的。

特洛伊說，幾年前他買了一棟房子，以為他的朋友會搬進來，並且一同分擔貸款。但後來對方因為有別的人生規畫而搬了出去。特洛伊並沒有找新的室友，而是另外再兼一份差，獨自一人支付住屋的費用。

他說：「到頭來，這狀況讓我虧大了。我的確是賺到更多錢，但我的時間卻急遽減少。更糟的是，我所賺到的額外收入也存不下來，幾乎都被拿去付房貸了。」

特洛伊陷入了絕望之境。他開始購買和蒐集那些能夠滿足他掌控欲的東西。不停地走訪車庫拍賣和清倉拍賣來解他的癮。

他說：「現在回想起來，我那時簡直就是失控了，對我自己還有居住的地方完全麻木。直到某天，我注意到家裡窗戶的邊緣開始掉漆。」

為了要修理窗戶，特洛伊趁著工作午休的時間，上網尋找各種顏色的油漆。結果一下跑出一大堆選擇，讓他驚呆了。

他繼續把網頁往下拉，在眾多參考圖片中，他突然發現一張特別的圖片。他從沒看過這麼小的房子，大概只有幾百呎，像是露營車那樣下方有輪子，前院還有養小雞。

這引起了特洛伊的興趣。沒想到只是偶然動手搜尋，就讓他開始沉浸在那些人的生活裡，嚮往在方寸之地過著極簡的生活。於是，他展開了自己的極簡生活。

特洛伊的短期目標，就是要把他現在住的這間房子改造成更適合居住的地方。一個月後，他已經從家裡清掉了一千三百八十九件物品。到夏天結束時，他總共已經清掉了超過三千件物品。

「斷捨離並非總是那麼順利，」特洛伊對我說，「但這是我想要，而且也是必經的一段過程。」

當我們聊到最後，他的眼眶充滿了淚水。「約書亞，這真是我長久以來一直想要的。我需要簡約，我需要擺脫債務，我需要擺脫那些讓我人生一團亂的東西。但我最需要的，其實是一份希望——那種人生可以變得更好、更不一樣的希望。而成為一名極簡主義者，嘗試簡約度日的經歷，給我帶來了這樣的希望。」

這就是我不斷強調的：**極簡主義的重點在於「獲得」，而非「失去」。它有意識地提升我們珍視的事物，去除任何從中阻礙及蒙蔽我們找到這些珍寶的東西。**

內心已經確定這件事後，就讓我來釐清一般人對極簡主義常見的兩個迷思：

【迷思一】：極簡主義就是要放棄所有事物

我很好奇，為什麼有些人好像覺得極簡主義就是要把全部的東西丟掉，或起碼是「幾乎」所有東西。其實根本不是這麼回事。相反的，極簡主義只是在較少的物質條件下過活，就如同我常說的，「少量」並不等於「一無所有」。

如果你現在走進我家，可能無法想像這是一個極簡主義者的家。你可以看到我們的客廳有四張椅子可以坐，還有擺放全家福相片、地毯和茶几，以及電視。我們的衣櫃裡有夾克、棒球帽和一些冬季的配件。我們小孩的房裡有書、手工藝品，櫃子裡還放著玩具。

我們的確是想過極簡的生活，但同時我們也是活生生、還在呼吸，並且求新求變的人類。生活上免不了需要從事消費行為，因此我們當然還是會累積一些身外物。但我們很努力地避免過度增加擁有物。

我常說，我們應該要用「理性的極簡主義」或「有策略的極簡主義」來得到我們想要的東西。我並不提倡把所有人性化的東西都丟棄，而是鼓勵人們丟掉「不必要」的東西，好讓他們更能夠追求人生真正的目標。

我對自己的靈魂、家庭，以及對於幫助他人改變有著熱情。我把這些視為比其他事更重要的東西。對我而言，這就是極簡主義的終極意義。它把會造成干擾的物質給搬開了，因此我才能完成我最重視的目標。

因此，我很乾脆地把該丟的東西丟掉，這樣我才能專心致志地達到我的目標。但如果有什麼事物能夠幫我過得更好，那麼我就會留著，並且好好享用它們。對此，我一點罪惡感都沒有。

如果你選擇成為一名極簡主義者，你也可以跟我一樣。不要誤以為你的人生必須變得一無所有。留著那些能讓你過著理想生活的東西，無論那是什麼。

【迷思二】：極簡主義就是整理東西

整理東西很重要，但它跟極簡主義完全是兩回事。

想想看，其實整理東西（不包含丟掉多餘物品）只是治標不治本的作法。我們必須不斷地重複這個動作。正如我的極簡夥伴寇特妮．卡佛說道：「如果整理東西有用，那你現在不是早就無事一身輕了嗎？」

就根本而言，整理只是單純地把東西重新排列組合罷了。而且就算我們今天找到了一種收納方法，明天又會被迫要找到更新的方式。此外，整理東西（不包含丟掉多餘物品）還有以下幾個主要的缺點：

- **整理東西對他人沒有好處**

那些鮮少用到，在我們地下室、閣樓和車庫層架上積灰塵的物品，完全沒有用處，我們周遭也沒人會去使用。

- **整理東西並不能解決負債問題**

它根本不會讓我們正視過度消費的問題。事實上，許多時候，重新整理物品甚至會讓我們花更多錢買容器、儲藏組，或換更大的屋子來收藏這些東西。

- **整理東西並不會降低我們永無止境的欲望**

把物品分門別類裝在箱子、塑膠罐，或是多餘的櫃子裡，都只是在囤積物品而已。這樣的作法，會阻礙我們跳脫物質至上的文化。

- **整理東西對於造成其他改變而言來說助益不大**

整理東西可能會使我們的態度短暫改善，因為如此一來，我們的房間會變得較為整潔，不過這項作法幾乎不太可能實際改善我們的生活方式。

我們心裡還是認為自己住的房子太小、收入太少、每天的時間都不夠用。我們或許重整了物品，但我們的生活模式還是依然如昔。

反之，將物品移出家中，就能夠達成許多更遠大的目標。它能夠改變我們的心態和人生。不只如此，減物還是永久之道，而非那些我們必須不斷重複的暫時之計。一旦我們移除了某項物品，它就永遠離我們而去了。

整理物品是比什麼都不做來得好，然而奉行極簡主義更是好處多多。

歷史會說話

找到我們想要的生活，並不代表放棄一切，也不代表只是靠整理的方式把所有東西留在手中。反之，它是要減少我們擁有的物質，直到我們能夠重獲自由。有關極簡生活的智慧其實早就流傳千古了，實在令人不可思議。

當我和我太太開始整理家裡，並且把不必要的東西拿出去時，我常對她說：「這真是太棒了。減少物品真是大解放！我真好奇為什麼之前都沒有人告訴過我這個道理？」

然而不久前，我開始自己去尋找答案。前人真的從沒告訴過我有關極簡主義的益處嗎？還是因為我從未認真聆聽？

我開始在腦中回想那些我曾在佈道中聽過，有關物質會危害我們靈性的論點。不只如此，我還聽過不計其數的例子，很多人為了追求更高的價值，而斷然向消費主義說不。

我開始搜尋相關資料，發現極簡主義其實根本不是一項新運動。不管它在當時是否被稱為「極簡主義」，這項運動已經有好幾千年的歷史了，早於社會步入大量生產時，甚至在工業革命之前。不管處於何種經濟狀況，極簡主義向來都被提倡為一種回報率極高的生活方式。

如今，我們認識了一些近代提倡極簡生活的人，包括亨利．大衛．索沃[1]和約翰．羅斯金[2]。我甚至聽到有人稱他們為「極簡主義運動之父」。但極簡主義早在他們之前就出現了。

今日成為極簡主義者的人數越來越多，但這觀念其實一點也不新鮮。

督安．艾格恩最為人所知的就是向眾人引進「自願節儉」（Voluntary simplicity）一詞，他對我說：「我告訴人們，我是這項運動的曾曾曾曾曾孫，早在千萬年前，耶穌、佛陀，以及其他的聖者都了解這個道理。這個簡單的價值觀並非什麼新鮮事，重點是，它是在什麼樣的時空背景下被採用。」

以極簡方式過生活，向來都令人生自由且富足，讓人找到希望和目標。它讓人類將靈性意識擴張到生活中，而不是僅僅追求物質富庶。

因此，極簡主義不是為了因應過度生產的消費物所衍生的新概念，甚至完全相反。

那些我們最信任的靈性導師早就宣揚好幾世紀了。當中包括形塑我世界觀的重要人物：耶穌。

年輕富有的反極簡主義者

在耶穌早年的教誨中，一位年輕的官員前來向他指教一個極為重大的問題：「請問明師，我要做什麼才能得永生？」

耶穌的回答震驚了在座的每一個人。祂說：「把你所有的一切物品都賣掉，捐給窮苦的人。你在天堂將會相當富饒。來吧，跟著我的腳步。」

記錄下這場景的史官如是說：「這是官員最不想聽到的答案。他曾經非常有錢，後來的處境卻極度悲慘，他總是把所有事物牢牢抓在手裡，不肯放手。」

如同我在上一個章節所談到的，「靈性」帶領我追求並找到極簡主義的意義。而極簡主義，則為我多年來所熟知的某些重要靈性教導帶來新的契機。

尤其是以下這個例子：

如各位所知，我曾經聽過耶穌針對有關給出所有物和金錢的教誨，然後心想：「聽起來好像是要我過悲慘的生活。祂這麼說的用意究竟為何？」在這個經常把有形財產的多寡與幸福畫上等號的世界中，耶穌的這席話似乎毫無道理。若在太平盛世，我會自動合理化這段話：也許我今天放棄了人世間的東西，到了天堂之後就會得到獎賞。這一定是耶穌所謂的「平衡」。

但這樣的想法卻與耶穌的其他教誨有所矛盾。例如，祂曾經說過：「隨著我的到來，你們才能真正活著，過你從未想過的更好生活。」耶穌的教誨，永遠都是關於如何在我們活在人世的每一天獲得更多，這和得永生一樣重要。

然而，當我和家人們開始減少我們的所有物，並且經驗到以上這些益處，耶穌對年輕富有官員的一席話對我來說有了新的意義。耶穌說：「我們應該把所有物賣掉或捐給窮人，因為這些對你來說是不必要的負擔！它們會阻礙體驗那些你不斷向我尋求的永恆和豐盛。減少你的擁有物吧！你的擁有物會阻礙你成為你想成為的人。」

耶穌的教示並不是在測試那個人的信心，也不是要求他做出超乎常人的犧牲，而僅是陳述一項事實。這是一項邀請，讓人邁向更好的生活。那名男子所擁有的物質將他帶離真正的生活。

這是每個追求靈性的人類都該擁抱的一項事實。我以我的朋友安妮特作為另一個例子。

隨遇而安的人

安妮特．葛特蘭是一位愛爾蘭特約記者，長年被外派在東南亞一帶。她大多待在馬來西亞，很常到澳洲和印尼，有空也會去印度，並且每年去一次愛爾蘭和法國，未來還計畫要去更多國家。

安妮特說，她之所以能夠雲遊四海，全都要拜極簡主義所賜。她既沒有固定的居所，也沒有養車。從二〇一三年起，打從她決定離開法國時，就一直靠網路來工作。她稱自己是個「隨遇而安的人」。

她對我說：「自從二〇〇九年失去了一份約聘工作後，我拿到了一點資遣費，於是，我便決定用這筆錢去周遊列國。帶著幾個包包輕便地旅行真是太美妙了。我可以長達三、四個月都在旅行。而我每次回家，都被家中的物品，以及有待清償的帳單和車貸給壓得喘不過氣。」

就在那時，她決定減輕自己的有形財產，改採極簡的游牧生活。

安妮特幾乎花了三個月的時間不間斷地清理家裡堆積的物品。（我可從沒說過當極簡主義者又快又簡單！）她把物品幾乎都送出去了，只把一些高科技產品和衣物拿去賣。

你可能也料想到了，安妮特發現有些東西特別難以割捨。「我還是留下了幾雙鞋子，放在鞋盒裡，還有一些書籍和文件。**當極簡主義者並非意味著放棄所有東西，而是留下我們真正需要的東西**。清理是個過程，當然，這勢必得花點時間。」安妮特如是說。

除此之外，堅持成為一名極簡主義者，對安妮特來說是日復一日的挑戰。物品很快就會累積。

「我當記者跑活動時，常會拿到一些T恤、光碟或書籍。我還拿到一些月曆，以及各式各樣的紀念品。」有時候妮特會把她不要的東西立刻分送給其他人，不過其他時候，她會把這些東西分門別類裝進袋子裡。

每次旅行，她都得決定該帶什麼出門，這很需要整理的功夫，不過她把這件事看得很正面。「定期把我的東西分門別類有很大的好處，我可以清清楚楚知道自己擁有那些東西，並且誠實地自問：『這些東西對我來說是否真的必要？』」

安妮特都住旅館，或是跟人短期共享公寓，有的時候也幫別人看家。據她說，她的生活方式，其中一個好處就是能把時間和精力投入在她自己的環境資訊網站——改變時刻（Changing Times）。

她證實道：「當我看到一些有錢有閒的朋友忙著處理他們的大房子和花園，過著奢華的生活，我就覺得，自己能夠專心在我喜歡的寫作上，是一件很幸福的事。我也很愛自己能隨心所欲、四海為家的生活。」

好了，我知道你嚮往的極簡生活跟安妮特不一樣。事實上，每個極簡主義者的生活都是獨一無二的。這就是我在下一章要談到的主題：如何找到符合人性，並且適合自己的極簡生活方式。

不管你一開始對極簡主義有什麼誤解，現在你可以了解它的真義了。**極簡主義是刻意提升我們最珍視的事物，並且把會令我們分心的阻礙給搬開。**它對每個想要以少獲多的人來說都適用。

註釋：

1 Henry David Thoreau（1817-1862），美國知名作家暨詩人、哲學家，其最著名的作品為《湖濱散記》（*Walden; or, Life in the Woods*）和《公民不服從》（*Civil Disobedience*）。

2 John Ruskin（1819-1900），英國維多利亞時代主要的藝術評論家之一，其名言為：「努力的最大報酬不是你獲得什麼，而是你成為什麼。」

Chapter 3

奉行自己的極簡主義

Minimalism Your Way

剛開始搜尋極簡主義時，我馬上就發現了兩件事。首先，很多人其實都嚮往極簡生活，比我所知的還要多。這是一場在全世界悄悄進行的真實革命，即便大部分都沒被揭露。還有，極簡主義者透過各式各樣令人驚豔的方式在奉行極簡生活。

在聖地牙哥大學工作時，大衛·布魯諾把自己的實體所有物控制在一百件以下。《新聞周刊》報導了這個故事，而大衛的「一百件挑戰」在極簡主義者的圈子裡蔚為風潮，甚至有更多戲劇化的挑戰起而響應。（例如七十五件挑戰、五十件挑戰，或甚至只留下十二件物品）。

柯林·懷特把他所有的家當都裝進他的後背包裡，然後每四個月就搬到一個新國度去住。更好玩的是，他邀請他個人網頁的讀者們投票選出下一個他要去的地方。

譚咪·史多博和她老公以及一隻貓同住在波特蘭一個一百二十百平方公尺的家。史多博一家負債超過三萬美金，於是他們改採極簡生活來度過負債的日子。然而，即便如今他們已經還清負債，卻愛上了住小房子，而且還成了熱愛小宅的代言人。

里歐·鮑伯塔是有六個孩子的極簡主義者，最近從關島搬到舊金山，他家的每個人都只帶著一個公事包大小的東西。里歐大大讚美極簡主義幫他擺脫負債、減肥成功、戒菸，並且離開了一份他受不了的工作。

其他還有很多人，像是法蘭西·傑、艾弗利特·博格、凱倫·金斯頓、亞當·貝克等，都幫助我邁向極簡的道路。

然後我透過自己的洞見，跨出了重要的一步。即便只要我們願意，有很多例子可供我們參考，但我太太和我並不需要透過什麼特定的方式來過極簡生活。**並沒有什麼公式供追隨，也不需要遵守什麼標準。我們可以隨心所欲地發展適合自己的極簡主義。**看到這裡，你是不是鬆了一口氣？

當你發現自己不需要擔心他人的期望和眼光，就可以追尋自己的極簡生活，是否也覺得很輕鬆？也許你有時候會不甘願嘗試這種生活方式，因為你怕會因此被迫去做許多自己不喜歡的事情，現在你知道沒什麼好怕的了吧！

對安妮特和柯林來說，當一個四海為家的人沒什麼不好的。但如果這不是你的夢想，那也沒關係。

如果你想留下的東西超過一百件，也不成問題。

如果小宅居住不適合你，也是完全沒關係的。

你不需要我的准許，但請確保你真的找到了自己的極簡方式。這並不意味著你不會造成人生的重大改變。為了解放自己，你或許會需要去雜亂。這是一大步，但這之後會演變成適合你的極簡生活，而非別人的。然後你會很開心地實行。

你不只可以按照自己的喜好來打造屬於自己的極簡生活，更重要的是，我想要鼓勵你根據自己的目標來發展你的個人極簡計畫。盡可能地找出你想要過的生活，然後透過與之相符的極簡生活來達成那個夢想。

不管我們做什麼，都不要對極簡下死板板的定義。雖然很容易會淪為教條形式，但專注於目標本身的話，就可讓我們不致掉入陷阱。

視情況而定

在前面的章節中，我們看到了那個年輕官員問耶穌有關永生的問題。耶穌告訴他把所有東西都賣掉，或是分送出去。

我知道有很多基督徒都試圖合理化這個故事。「耶穌的意思並不是真的要他把東西都送走。」（我肯定我有好幾次也是這麼對自己說的。）

另一方面，歷史上有些基督徒（人數少很多，我必須承認）聽完這個故事後，把耶穌的意思望文生義地太誇張了。他們覺得，為了表示對主的忠誠，必須真讓把自己的所有物一件不留。唯有這樣才是他們所追求的那種有美德的生活方式。拋棄自己的財富、財產，甚至是居所。

這兩種想法都很極端，解讀耶穌的話不是過度就是不及，也都不正確。其實，力行極簡主義可以幫助我看見，那些有關物質的擔憂，在耶穌的眼中根本不存在。

請容我用耶穌生平的另一個故事來進一步解釋當中的真義。

在他的旅途中，途經一個名叫傑拉什的地方，在那裡他遇見了一個深受折磨的靈魂，一個被惡魔之眾纏上的男人。附近的居民都很怕他，所以他們試圖把他綁起來，但這個男人有著強大的力量，總是能突破困難。既然此處不再歡迎他，他就到墓地去和死去的人們同枕而寢。日子一天天過去了，他的哭嚎在鄉間迴盪著。他曾想過用石頭自盡。一個可憐又令人害怕的人。

這個男人去找耶穌，耶穌對他寄予深深的同情，就如同祂對那位年輕富有的官員一樣。耶穌幫他驅除了他體內的惡魔。可以想見那個男人對耶穌是多們的敬畏及感激。那個男人立刻變得平和下來。由於他身上幾乎沒穿東西，耶穌還幫他找來一套衣物。

過了不久，耶穌必須離開了。面對即將和耶穌分開，那名改頭換面的男子感到相當憤恨。耶穌有十二個門徒跟著，難道他不能加入他們嗎？當耶穌要登船時，那個惡魔送來的男子請求跟隨。

這不正是耶穌想要那名年輕富有的官員所做的事嗎？耶穌要求那位官員把變賣所有的東西，並且跟隨祂的腳步，一同上路。事實上，我們讀到有關這部分的福音，總是看到耶穌幾乎千篇一律地要人拋下一切跟隨祂。你不覺得他應該對來自地獄的男人說一樣的話嗎？「當然，上馬吧！我們要去的地方用得上你。」

但是，耶穌沒有，祂的回答出人意表，祂說：「回到你的家鄉，把你的遭遇告訴你的鄉民們，告訴他們上主是如何憐憫你的。」

這個對比相當重要：

在年輕富官員的故事中，耶穌說：「把你的所有物都分送給窮人，然後跟我一起上路吧！」

耶穌對來自傑拉什那位無家可歸的男子說：「回去你的家鄉，把你的遭遇告訴你的鄉民。」

我們捫心自問，為什麼耶穌告訴第二個男人保有居所，而要那名年輕富官員把所有物都賣掉呢？

答案是：因為他們生命的召喚不同。他們都是因各自獨特的生命目的被創造出來的。現今的基督徒們也都各自有其生命的召喚。似乎耶穌還是會告訴一些基督徒拋棄一切。我想到在加爾各答的德雷莎修女，還有費城的現代傳教士肖恩．克萊本，以及遠赴泰國替獄中婦女的女兒創辦孤兒院的珍與艾倫．史密特。這些人都是受到耶穌之愛的感召。

然而有數不清的基督徒接受的是另一種感召。他們的天職是農人、銀行家、作家、律師或學者。他們並沒有被召喚要去拋棄家屋來呼應這項福音。就像傑拉什的那名男子一樣，耶穌要他們回歸家庭。

如果我們屬於第二種人，那這是否意味著我們要盡可能買個最大的房子，就像房屋仲介極力推銷我們的那樣，然後把櫃子塞滿東西？當然不是。

我們還是可以從耶穌對那名年輕人說的話中窺知真理：過多的占有物會令我們無法實現我們的人生目標。我們來到這個世界上當然是為了比這更偉大的東西！

相反的，我們喜歡做白日夢。我們在一生中根據自己的天賦來尋找最大的成就。我們會追求滿足這個角色所需的物質，舉例來說，農夫需要的必需品就會和教授學者們不一樣。然後我們就不讓那些會阻止我們完成天命的東西進入我們的生命裡。

老話一句，先不管你的靈性願景為何，你生來帶著夢想，以及完成某事的熱情，也關心自己未來的潛能。這也是為什麼我們都需要減低物欲。因為這將幫助我們完成我們適合做的事，不管那是什麼。

遇到必要的時候，我們就能夠看清當中的運作法則。

抓住當中帶來的啟發力量

有些人對於他此生的目標很清楚。對這些人來說，他們要把極簡主義改成適合自己的方式，相對來說較為簡單。他們只需要把自己的目標和極簡主義之間建立起最直接的關係即可。

至於其他人——而我肯定是大部分的人——對自己的目標比較不清楚。他們可能依稀知道自己生命中想要什麼，不過就像一幅尚未完成的畫作一樣不明確。這些人對於過度消費與囤積感到不滿足，於是想要做些改變，不過起碼在一開始，他們都不太清楚要怎麼實踐極簡的生活。

我就是第二種人，你或許也是。如果你花一輩子的時間追求一些不重要的事物，那麼要辨認出哪些事物是重要的就很困難。

我想要鼓勵各位讀者，無論如何，請踏上這條極簡之路。我確信你會想要擺脫那些多餘的物質。當你這麼做的時候，實行極簡的過程將會幫助你找到未來的路。接著，你可以將自己的版本往外擴張，使你未來的極簡之路走得更順遂。

我猜你可能會發現自己想問以下這些問題：我真的需要這個東西嗎？為什麼需要，為什麼不需要？到底哪些東西該留，哪些東西該丟，有沒有一個準則？我做這些到底是為了什麼？

這不只是一個從上到下，從制定目標到實踐的過程，也是一個徹底由下而上理出實踐極簡生活的方法。這是雙向的。你釐清了你的目標，同時也慢慢習慣過這種省事的生活方式。

在我的鄰居茱恩對我說：「不需要擁有這麼多東西。」之後，小金和我開始清理掉一些東西。不過這個作法給我們帶來許多伴隨而來的問題。

例如其中一項弄亂車庫的東西就是高爾夫球組。我幾乎沒在用。我以後有可能會常用到嗎？如果沒有，那把高爾夫球組留下來幹嘛呢？於是我判定高爾夫球不在我的優先選項上，因此我把它們給丟了。

然而我們有個容得下八人坐的大餐桌，還有同樣數量的餐具組，但我們全家只有四人，我們該換個小的餐桌，然後撤走一半的餐具嗎？在這件事上頭，小金和我決定維持現狀。我們家裡常招待客人，或是讓教會的小組成員來家裡，所以讓訪客坐得下並招待他們用餐，對我們來說是很重要的。以這件事為例，「好客」的價值觀形塑了我們的極簡生活。

透過這種方式，精簡的過程對我們來說相當具有啟發性。也就是說，這是一個邊做邊學、邊學邊做的經驗。我非常推薦大家使用這個方法。

現在馬上就從減少所有物和去雜亂開始吧！這將有助於你釐清自己的目標和價值。例如，你可能會很清楚地開始意識到，你其實不想花那麼多時間在這些身外物上，反而比較想多花點時間陪陪家人和朋友。或是只要少花點錢購物，你就可以自由轉換職業跑道。又或者你可能會想要還清債務，這樣就可以早點退休，並且還有錢去旅行，或是負擔得起那些你重視的事物。

方法因人而異。你會找到自己的路。也只有你能實踐你自己的方法，一旦踏上這條路，終點就在不遠處了。

不信你問問我的朋友大衛和雪莉．伯斯洛普。

一條獲得更多的路

在二〇一三年的春天，大衛和雪莉踏上了一趟長程的公路之旅，開著他們那輛灰色的休旅車，從家裡出發到尤金、奧勒岡，一路來到奧勒岡南部和加州的美麗海岸。最遠到聖塔・巴巴拉。

對這對夫妻來說，這至少可以讓他們在工作之餘喘口氣，並且享受當無殼蝸牛的樂趣。這趟旅程不只是一個放鬆和充電的機會。也是一個讓他們得以專注自己內在的機會，簡化了他們的生活。

隨著波光粼粼的太平洋海面、深邃的森林，以及一片翠綠的山丘從車窗外呼嘯而過，廣播裡傳來極簡主義者談論減少有形財產的價值。

那段廣播改變了他們的一生。

在這段旅程中，雪莉一開始只是對極簡主義有點感興趣，到最後整個投入其中。

這對忙碌的夫妻急需改變。大衛的工作是教導有缺陷的人，而雪莉則是律師。他們都很幸運，擁有健康的身體、從事具有挑戰性的工作，以及擁有一個可愛的家庭。不過他們還是時不時會感到匱乏，似乎他們的時間和金錢永遠不夠。

就像大多數的家長一樣，他們盡可能地想給予自己的孩子最好的生活。他們買下了理想中的房子——在尤金買下了一棟殖民式風格的建築——不斷借錢打造他們夢想中那種美國上流社會的生活。

即便他們有充足的財務來源，但還是很難享有天倫之樂、計畫他們的未來，或是好好照顧自己的身體。

當他們聽到這段廣播時，他們發現自己沒有把時間和資源用在自己最重視的事情上。雪莉說：「我們發現，我們一直以來都忽略了那些對我來說最重要的事，我們應該多花些時間在家人身上、多花些時間給我們的信仰、照顧我們的健康，並且為退休後的生活作打算。我們犧牲了這一切，只為保有我們那個家，以及我們的外在。我實在很訝異，我們居然花了這麼多時間為客廳挑選適合的沙發，卻沒花什麼時間照顧自己的健康。」

後來他們決定展開行動，精簡自己的生活。他們把很大一部分的東西都送人或是賣掉，並且改搬到一間坪數小很多的房子，就在他們舊家的對面。

後來結果如何？在精簡自己的物品後，大衛和雪莉歡喜地迎接無雜亂的新生活。他們終於可以專注在生活中最重要的事情上了，那就是他們的家人、信仰，以及內心的平靜。

不過，他們的故事還沒有結束。如你所見，藉由卸下對那些非必需品的關注，大衛和雪莉對生活燃起了新的熱情。

大衛發現自己很喜歡寫作，而雪莉則對有需要的人伸出援手，因而得到滿足感，最後把自己的法律專業從爭訟轉到調解。他們兩人創造了更有意義的生活，也等於給孩子留下遠超於房子規模的重要資產。

伯斯洛普一家很投入在極簡主義中，因為他們認清了自己以往的生活方式，與他們真正的價值觀並不吻合。然而透過奉行極簡主義，他們多出了一些空間，能夠發現自己從未意識到的生活熱情。

你的目標，你的選擇

到最後，你獨特的極簡方式將會讓你與眾不同，因為你的人生本來就和別人不一樣。你的家庭可能是大家庭、小家庭，或是沒有家庭。你可能住在農場、一般的住家，或是工作室裡。你熱愛音樂、電影、運動或書籍。你或許會喜歡從事藝術創作，也或許不會。

也許你相信自己生來就是辦晚宴的料，或是喜歡邀別人來家中作客。那麼就用你現有的資源，盡己所能跟隨自己的熱情吧。搬走那些使你分心的東西，把注意力放在自己的目標上。

找到適合自己的極簡方式，可以讓你輕鬆自在地實踐而不感到麻煩。請了解到，屬於你自己的極簡定義不會一夜之間冒出來。你需要花點時間去發現。它的定義會隨著時間進化，甚至會因為你的生活改變而有戲劇性的轉變。這件事有捨有得。一路上你會犯些錯，所以你邁向極簡主義的路上也不能忽視人性。

然而最終，你將會把生命中不需要的事物搬開。當你這麼做的時候，你就會替真正重要的事物騰出更多空間。

該如何發展自己的極簡方式

馬克吐溫曾經說過：「人一生中最重要的兩個日子，一個是你出生的那天，另一個是你找出自己為何而生的那天。」而我現在要再加一個：第三個日子是你下定決心把所有阻撓你實現生命目標的東西給丟掉的那天。

當你客製化自己的極簡生活之道，要達成成就比較容易了。這對你來說會比較舒服，也比較容易持續下去。它會讓你自由地做你自己，成為你想要成為的人。那麼，這一切到底是怎麼辦到的？如果你想要釐清自己的生命目標，我建議你從檢驗自己開始。深刻了解那些會讓你熱血沸騰的天賦、能力和弱點。你可以拿一張紙，寫下以下問題的答案，作為輔助：

1. 有哪些好的或不好的經驗，形塑了你的人生？
2. 你一生最重大的幾項成就，它們有什麼相似處？
3. 在這世上，哪個問題是你最有熱情去解決的？
4. 如果不用擔心錢的話，你會想要做什麼樣的工作？

5. 在你的一生中，你最後悔當初沒有極力追求的是什麼事？

6. 你此生最想給後世留下什麼？

7. 你一生最崇拜的人是誰？這個人有什麼特質讓你想要仿效？

當你在閱讀這本書時，持續地定義你的熱情所在。在接下來的章節中，你此生的夢想主題會越來越重要。

至於現在，請認清你是為了自己而活，而不是為了他人。所以，今天就下定決心成為更好版本的自己吧，找出最適合自己的極簡生活方式。

從第六章開始，我將會不斷給你一些具體的建議，讓你可以實行適合自己的版本。然而在開始前，我們需要誠實地看看這項我們需要對抗的壓力，一個是外在的拉力：鋪天蓋地的消費主義，以及內在的推力：物質主義下的貪婪心態。

Chapter 4

消費主義的迷霧

The Fog of Consumerism

我兒子十五歲生日的時候，收到了來自市中心那家熱門玩具店的禮券。

「你想去那家玩具店買什麼呢，薩林？」我問道。他毫不猶豫地說：「我要買滑板！」

我知道他想要滑板想很久了，而他現在終於有足夠的資源得到它了，所以我們立刻跳上車，前往那家店。我原以為這項差事會很快就會結束——拿好滑板、去櫃檯結帳，然後跳上車回家。然而實際狀況可不是這樣。

我們一進到店裡，薩林立刻就像到了另一個世界一樣。他好像被架上五顏六色、各式各樣的東西給迷住了。他什麼都想拿起來看一看、摸一摸，像是超級英雄的公仔、樂高玩具、酷炫的電子用品，以及其他琳瑯滿目的小玩意兒。

我抓起他的手把他帶向滑板那區。很不巧地，我們經過展示恐龍模型的走道。我知道大事不妙了，因為薩林這個年紀的孩子對已絕種的爬蟲類生物都相當著迷。他在一個洞穴造型的帳篷前停了下來。包裝上有一個笑得合不攏嘴的小男孩在帳篷前玩著恐龍玩具。

薩林對我說：「爸爸，我需要這個帳篷。」

「但你已經存了好幾個月的錢，說要買滑板耶。」我提醒他。「而且，你幾乎不太會去玩那個帳篷——而且它根本也沒有附贈恐龍。」

我們花了一些爭論，他不斷解釋為什麼這個帳篷會給他帶來快樂，而我則堅持買下它會是個錯誤。

最後我斬釘截鐵地說：「薩林，我不會買那個帳篷的，就這樣。」

當我拖著他遠離恐龍模型展示區時，他簡直快要哭出來了。然而稍晚時，當我們拿著原先計畫要買的滑板步出那家店時，他開心地笑了。接下來的好幾年，他將會踏上那塊滑板無數次。

之後，每當我想起那年買滑板的經驗時，我就了解到我們在買東西時有多像個五歲小孩，總是被特價的商品吸引，也不管那些是不是我們所需要的東西，或是我們買了以後能夠使用多久。

其中一個原因是，我們生活在消費導向的文化中。消費主義無處不在，就像空氣一樣無形卻又緊緊圍繞著我們。我們甚至不太容易意識到，自己正被這種靠著不斷購物來追求快樂的價值觀所影響。

本書下一章將會探討，我們內在的渴望會與外界的訊息同步，到了最後，消費主義對我們來說就成了正常和自然的事情。我們與這場消費主義嘉年華相處甚歡，只會偶爾覺得這一切有些怪怪的，好像哪裡不對勁。

戰勝消費主義傾向的關鍵在於刻意檢視自己的盲點，看看那些被我們忽略的事物。我們必須衡量消費主義置入我們生活的程度，以及它如何滲透大眾和我們個人的看法中。我們也必須承認自己真的深受影響。唯有如此，我們才能對抗消費主義對我們生活造成的影響。

容我提醒你，要認出並拒絕消費主義並非易事，但這麼做，得到的回饋卻很值得。揭開它的謊言面紗，就能讓我們找到幸福的泉源。

為何消費主義會和幸福混為一談？

貪婪和物欲向來是人類的弱點。然而如今的消費主義一個世紀前才開始盛行，是現代社會的一種現象。我會用我自己身處的國家——美國為例來說明。其他已開發國家可能也會有類似的故事。

在一九二〇年代，當美國受到第一波人口大量成長的影響時，廣告商開始刻意把「擁有」和「幸福」畫上等號。這些廣告商其實是受惠於心理學專家。替這些廣告商推波助瀾的恩斯特・迪希特，這位佛洛伊德派的心理學家曾經說過：「就某種程度來說，人類那種需要和想要的欲望必須不斷被激起。」

同樣的策略現在還在使用。某篇文章指出，現在擁有一臺 ipad，一份好的職業或一雙最新款的球鞋，變成了獲得尊敬的管道。某些品牌的啤酒成為了友情和社群意識的同義詞。偌大的房屋顯示出你的經濟能力和地位。這些當然都是廣告所創造出來的觀念，為的是讓客戶超買許多不必要的東西，藉此牟利。

廣告商成功地靠著把快樂和購物畫上等號這件事，玩弄了我們自私的占有欲。好像滿足虛榮心就是人生的目標，而且只能透過購物達成似的。我們沒有認真思考過這個問題，只是一味地這麼認為。

我們來思考一下這個觀點到底有多根深蒂固。街上整列都是商場和零售店。我們用國內生產總值、貿易赤字、消費者信心和通膨率來衡量我們國家的福祉。我們國家的每個角落都被商業化了，甚至是我們的國家公園。我們選領導者時，幾乎只在乎他能否使我們的經濟強盛。美國夢被金錢指標和空間大小所定義了。

消費主義更難抵抗的是，有一些當代最聰明的人物極盡所能地將我們變成越來越貪婪的消費者。添購新品就像按個鈕一樣簡單，這可是以前所達不到的境界。

如今，透過科技蒐集個人資料的機會變多了，目標市場得以更有效地觸及消費者。他們不再只知道我們的年齡、性別和婚姻狀況，還可進一步知道我們的人際網絡、個人偏好、購物習慣，以及我們最愛的書籍和電影等。他們知道我們「在哪裡消費」、「何時消費」，以及「如何消費」。他們從我們的智慧型手機和網頁瀏覽紀錄中，一點一滴地蒐集我們的資料，並且每天透過這些資料來利用我們的弱點。

就某種程度而言，行銷人士甚至比我們自己還要了解我們。他們持續餵養我們的不安全感和匱乏感。社會綁架了我們的熱情，把我們導向物質。然而沒有人因為自己買了更多東西而得到滿足，為什麼？因為消費主義從來就沒真的令我們感到滿足或快樂。相反地，它還偷走我們的自由，讓我們變得更貪得無厭。它給我們帶來了負擔和悔恨。它讓我們無暇顧及那些給我們帶來喜樂的事物。

如今，對抗消費主義這件事也不會給我們帶來幸福。硬是拋棄物品，也只是導致自己一無所有而已。重點是，我們該拿什麼填補那些空下來的位置。

我們應該從別處下手。拒絕消費主義可以提供我們追尋真正幸福的機會，不管它對我們來說是什麼。本章的後段，我想要特別提醒各位，生活中有三個地方充滿了消費主義，值得你睜大眼睛檢視，揪出你可能曾經陷入的迷思，並且揭露它的本質：

- 你對物質占有的態度，肇因於你所身處的世代。
- 這個世界對「成功」的定義如何影響你。
- 行銷人士是如何在你購物的時候蠱惑你的心。

意識到你所身處的世代如何影響你

中國藝術家宋冬的系列作品《不浪費》呈現的是一堆他已故的母親所使用的家庭日常用品。這項裝置包括她所有的遺物：茶杯、茶壺、臉盆、牙膏、襯衫、鈕扣、原子筆、瓶蓋、袋子、澡盆、棉線、領結、飯碗、手提袋、跳繩、動物填充玩偶，還有一堆洋娃娃——總共有一萬件物品。這所有的東西都擠在北京家中那只有幾百平方英尺的地方。當我幾年前在紐約當代藝術館中經過這項展覽時，心中被激起了一些情緒。

首先，我的反應是驚訝。為什麼會有人保留十二個用完的牙膏，還有好幾百條繩子？

然後，我感到驚艷。

第三，我覺得噁心。這是多麼糟糕的生活方式啊！把那些玩意兒全塞在家裡。

然而到了最後，信不信由你，我居然對此滿懷感恩之情。

如你所見，我開始了解這個展覽並不是在展示這些堆積的物品而已，而是顯露中國這個歷經戰爭、共產、飢荒、排外，以及長期的物資匱乏之後，人口上升的世代哲學。

對宋冬的母親而言，盡可能抓住每個世俗的東西，因為她認為這些都是為了生存所不可或缺的。這些被我視為近乎病態的囤積癖其實合理反映了外在的混亂。

後來我覺得，自己不需要為了飢荒或突如其來的變故而緊抓住自己所有的物品。我可以自由自在地選擇過簡約的生活。我為此心懷感激。

直到今日，每當我觀察各個世代的人們的生活狀況與有形財產的關係，我總是會想起宋冬的這個展覽。因為對我們來說，我們身處於生命中的哪個階段、我們經歷過些什麼，以及我們正在經歷些什麼，都會形塑我們與事物的關係。你的年代代表著何種消費主義？你將會發現，關注這個問題是很有幫助的。

有關整個世代的分析不是一門確切的學問。但它可以讓我們在了解自己時提供更寬廣的視野。認清你所處的年代，然後開始思考它是怎樣影響你對囤積和消費的態度。

如果你生於一九二八到一九四五年間，那麼你生於沉默的世代。

如果你生於一九四六到一九六四年間，那麼你是嬰兒潮世代的人。

如果你生於一九六五到一九八〇年間，你是X世代的人。

如果你生於一九八一到二〇〇〇年間，你是千禧世代的人。

消費主義與沉默世代

經濟大蕭條到二次世界大戰之間被稱作沉默世代。這個世代對於物質擁有的哲學就是

「物盡其用，不過分要求」。跟宋冬展覽他母親的那種態度有點近似。這個世代人的成長背景教導他們要追求歷久不衰的東西。他們在高失業率和長期乾旱下的美國長大，緊接著又在一場前所未見的艱困戰爭中經歷了配給制。他們簡約度日是因為他們必須如此。他們會盡可能地囤積物品。

如今這些沉默世代的倖存者都已七、八十歲了。他們正搬移到更小的地方居住——有些是選擇性地，有些人則是因為現實需要。但他們幾乎都有顆沉重的心。

上述的狀況，讓人不能理解為什麼像長者搬家管理機構會越來越多。減量是個困難的苦差事，無論是在身體上或是心情上。當你在一個地方住了好幾十年的時候尤其如此。如果你是這個世代的人，你可能得面臨到物品減量的問題，那麼極簡化對你來說不只有好處，而且還是必須要做的事。現在要忽略消費主義者誘惑你買更多東西，是比以前更刻不容緩的重要議題。

要從年輕時就謹記簡單生活的好處，並且對抗占有欲。卸下過多物質的生活將會讓你的日子過得更和平，並帶來更多益處。

消費主義與嬰兒潮世代

嬰兒潮世代的人誕生於第二次世界大戰後，他們成長的背景與沉默世代的人大相逕庭。在二戰後，因為服役的男性與女性戰後返家，以及居高不下的生育率，美國的居住地面臨嚴重不足。這使得郊區的居家建築突然快速增加。最後，這些嬰兒潮下誕生的人成了第一批大量成長於郊區的人，身受這個繁榮世代營造的生活方式文化所影響。

在嬰兒潮的期間，有為數不少的女人開始外出工作。美國史上的家庭型態也首次轉變成雙薪家庭。家庭收入達到新高，戰後的樂觀主義給社會帶來穩定度和諸多機會。

在這個年代出生的人成為主要的消費者。這群人的孩子們現在已長大成人並且成家立業了，而這些嬰兒潮的人們很多都步入退休階段。這些人很多會選擇減少家中所有物，為的是能夠讓資源壽命延長，讓他們日後能夠過著自己辛苦多年所換來的理想退休生活。

極簡主義對他們來說不是那麼自然的事情，但這些人開始了解到其中的好處。

如果你是嬰兒潮世代的人，你可能會質疑「買等於幸福」這樣的等式。或許你還是會享受住在郊區的大房子裡，也許你在意人生的體驗更勝於實質的財產。也或許你更在意留給後世什麼影響，而非堆積一堆的遺物。如果你是這樣，我敢說你已經走在正確的路上。

這個世代給社會的某些角落帶來了改變，足以改變人們對擁有和消費的看法。

消費主義與X世代

我的世代，X世代，被貼上偏激、個人主義及自我本位的標籤。多年來在美國氾濫的消費主義以及這當中的意義間擺盪，我們正試圖從這兩股力量中找到自己的路。我們小時候被稱為鑰匙兒童。我們的父母都擁有可支配收入，卻也比較沒有時間和精力來照顧孩子，他們把房子買在郊區，但卻犧牲了與家人共進晚餐的機會。

X世代誕生於科技革命期間。我們大部分人在幼稚園的時候學校裡都還沒有電腦，但是我們已經在學習用打字機打字，然後大學畢業時已學會用email寄報告給教授。由於科技革新，我們的世界機動性越來越強。也由於個人的追求和對企業的不信任，我們這個世代的人平均一生會換七份工作，這對我們祖父母那輩的人來說有時難以想像。

然而，人類會因為生孩子而改變。X世代的人現在已步入中年，這些人的孩子處於各個年齡層。大部分X世代的人會用刻意用與上一代相反的方式來教養孩子，從「鑰匙兒童」一詞轉變成「直升機父母」。嬰兒潮世代的祖父母習慣用送孩子禮物來表達自己的愛，而X世代的家庭則變本加厲。

如果你是X世代的人，你的收入應該很快就達到巔峰了，你可能更容易會被消費主義的「好處」洗腦。千萬不要被愚弄了。你也知道過分堆積已經讓你的生活變糟了。趁為時未晚，現在就對消費主義說不吧。

消費主義與千禧世代

就某種層面而言，極簡主義對千禧世代來說是很自然的生活方式。千禧世代生於科技革命後（雖然科技革命一直沒有趨緩的徵兆）。這些人的世界好像變小了，而且渴望隨時隨地透過科技來與他人聯繫。咖啡店取而代之成了新的辦公室，合作關係成了新的競爭，機動性也取代了穩定性。許多千禧世代的人會跟你說，若是房子塞滿了物品，就很難保有機動性高的生活方式。

這個世代的人比其他世代的族群都還要有環保意識，這也大大地影響了他們的消費習慣。科技的連結給共享經濟帶來商機，許多的資產（例如單車、汽車和居住地等）不再為個人所獨享，同時也可以與大眾共享。使用權取代了所有權。

除此之外，網路建立了全球性的跳蚤市場，幾乎人類所需的商品，只消按一個鍵，不到二十四小時就會送到消費者的手中。家裡根本不需要囤積什麼物品。

極簡主義對千禧世代的人來說很有吸引力，當代的設計潮流即融入了此一運動。

科技讓減物這件事變得更簡單。

極簡主義的生活型態與根深蒂固的世代價值觀密不可分。有一點很重要，那就是這個世代的人大學畢業後，投入勞動市場時剛好處於經濟大蕭條。失業加上學貸，微薄的收入讓有些人連想要大量消費都沒辦法。

這些人成長的經濟環境，有可能會把他們自然而然培養成極簡主義者，但也有可能未來的經濟成長，使他們掉入和上個世代一樣的價值觀，變得極力想擁有更多的東西。為了千禧時代的人好，我希望實際狀況會是前者。

如果你是千禧時代的人，何不帶領潮流，用新的極簡方式來解放大家？你比其他任何人都適任這項工作。

了解世代的集體意識如何影響我們與消費文化的關係，這對我們每一個人來說都很有幫助。美國各世代似乎都有一種危險的心態：把「放縱」和「成功」混為一談，若是能認清此點，對極簡主義來說也相當有助益。

你到底崇拜什麼？

我們身處的世界盛讚成功這件事。沒錯，這是應該的。那些徹底發揮自己長才、辛勤工作，以及跨越障礙的佼佼者們得到全面的崇拜。然而很不幸地，我們的社會同樣也崇拜「過度」這件事。

我們並不是第一批崇拜萬惡的消費主義的人，不過我們將它帶入了新的巔峰（或者說，變得更低階了）。雜誌上大量鉅細靡遺地報導名人和有錢人的生活細節。新聞媒體根據人們的人際資產來排名。電視實境秀替那些過奢華生活的人喝采。網路上流傳著誰過的生活很優渥，吸引了大批的人點閱。

我們在生活中也是如此。我們會對鄰居房子的大小品頭論足。我們會指著那些停在我們旁邊的高級轎車。我們對於擁有時髦服裝和名牌包包的人投以忌妒的眼光。我們會開那些因錢結婚的人的玩笑，夢想著有錢就可以為所欲為。

我們渴望擁有上述所說的那種生活。我們在心裡和情感上，都在讚揚那些過著奢華生活的人。

但是我們錯了。

「成功」和「奢侈」是不一樣的。

我們對富有的執著是很強烈的。有些人是透過辛勞的工作和犧牲奉獻來累積財富，但情況並不都是如此。

有些人的財富是來自繼承、走偏門，或單純只是好運而已。這種有錢人不值得被表揚。而且，不管他們的財富讓他們過著多麼優渥的生活，追求奢侈幾乎從來就不是最明智的用錢方式。

因為我們的經濟來源足以支付某些東西，這並不代表奢侈是我們最好的選項。所以我們為何一直讚揚那些用錢用得這麼自私的人？我們這個世界的評分標準完全錯了。

那些豪奢度日的人不見得過著富足的人生。通常那些靜靜過生活，樸質，且滿足於簡單生活的人過得最幸福。這些才是值得讚揚跟效法的生活。

然而這種成功的定義對我們大多數人來說卻相當陌生。你怎麼能靠著過量的物質得到非物質的滿足？心裡和思想緊抓著消費主義不放，這顯示出了什麼？**可以讚揚成功，但不要助長奢侈。**學習分辨這其中的差異，將會改變你的一生。也會讓你不再落入貪得無厭的陷阱。

認清商業伎倆

我們都愛買東西。不講別的，看看黑色星期五吧，這就是證據。在美國，感恩節——原意是用來感謝我們所擁有的一切，如今則成了家族年度大血拚的季節。有超過一億四千萬的美國人期待在黑色星期五的周末好好血拚一番。在家節期間，美國人民花超過六十億美元。

行銷廣告商顯然做得很成功。在二〇一三年，美國行銷商整年花了一兆七千一百億在媒體廣告上（包括數位媒體、雜誌、報紙、告示、廣播、電視等）。

如果你認為自己對這些廣告的影響免疫（或覺得自己太聰明了不會上當），那麼你就錯了。這些公司砸那麼多錢在媒體上，並不是期望要影響你。他們砸錢是因為他們肯定你一定會被影響。

當然，他們不希望你知道這件事。事實上，你越相信自己不會被廣告影響，他們就越容易得逞。我們沒人會覺得自己有那麼容易被陌生人有計畫性地影響。正因為如此，大部分成功的廣告都在想辦法創造我們潛意識的正向連結。他們隱諱地暗示我們，用了他們的古龍水，性生活就會更美滿；我們的派對有了他們汽水會更有生氣；只要買了他們的車，我們的聲望就會更上一層；買了他們的保險，我們也會感到更安全。

他們靠著無所不用其極的置入來達到目的：商標的顏色、在螢幕上展示他們的商品、名人的背書，甚至是拍照時的角度等等。

但商人讓我們乖乖掏錢的伎倆還不只有廣告和口號。

媒體行銷是一門藝術，更厲害的是，能影響我們消費的宣傳伎倆同樣也必須根植在對人心瞭若指掌的科學上。

以下是一些現今這個世上最常見的行銷伎倆。這些伎倆是如此常見，以至於幾乎每一樣都讓你覺得似曾相識。記得，這些方法都是被設計來說服你買、買、買，不停地買。

・會員點數和集點卡

當我們在店內消費到達一定的金額時，商家就會給我們一定的回饋。他們很常催促我們東逛西逛，或是購買我們不需要的東西，只為了拿到這些回饋。

・與商家聯名的信用卡

只要辦這種卡，我們就可以拿到一定比例的折扣。這招對發行者來說很受用，因為研究指出你的消費會是平常的兩倍，而且他們還可以蒐集到你所有的個人資料和消費習慣。

・限量魔咒

行銷人士日復一日地製造出一種急迫的感受，驅使我們趕快去購物。限時特價的品項！

整批交易將結束！只剩下有限的座位。這些手法逼我們快點做決定。通常我們在這種情況下都會做錯決定。

•定價調低

JCPenney 的執行長因為決定把他們店裡的折扣價拿掉而被炒魷魚。他的策略是把每樣東西盡可能標成最低價——不是靠催促或降價，只是把商品原價調低。不幸地，這個策略失敗了。把定價調低只會導致買氣更低而已。這是怎麼一回事？原來，研究者發現消費者比較傾向去購買標示「特價」的商品，而不是用一樣的價格買沒有標示「特價」的商品。他們進而推測出，其實大部分的消費者根本就不知道一件產品應該賣多少錢。透過刻意把物品的原價調高，這些零售商就可以唬弄消費者，讓他們以為買特價品就賺到了，即使事實根本不是如此。

•騙人的價格

餐廳的菜單上通常會有一、兩樣貴得不合理的菜，即便他們也知道很少人會點。透過把一些品項的價格定在最高區間，其他的品項相形之下就會顯得很便宜。以零售商來說，把某些品項定得比旁邊的品項貴很多（例如大螢幕電視），也是為了相同的目的。

・招徠定價

這是雜貨店最常見的伎倆（雖然使用的不只是他們），那就是其中一個品項刻意定價定得特別低，好騙你進門。就算他們在這個特價品上賠了一點本，但他們非常肯定你走出店時，手上會不只有那樣特價品。

・試用品

對買東西的人來說，免費試吃就意味著對方提供你嘗鮮或測試某些品項的機會，店家會希望我們喜歡，進而買下它們。但對店家來說，這背後還有更多策略。每當我們試吃的時候，我們就告訴我們的身體現在是進食的時間，然後我們的腦子就會開始找食物。有些研究報告顯示有四成接受試吃的人，最後都會買一樣食物，就算他們一開始沒有打算要買。就算你沒有買下他們主打的品項，那也不表示這間店沒有拱你花錢。

・動線設計

我們幾乎都知道雜貨店都把主食、奶製品、肉品和烘培食物放在對角線，這樣我們才會走遍整間店，讓他們有更多時間吸引我們的注意力。但是你知道嗎，連購物中心都會故意誘導我們去多看、多買。還有暢貨中心通常都會故意蓋在大城市周邊的郊區，為的是鼓勵消費者待久一點，花多一點錢，畢竟他們可是特別從大老遠跑到這裡來逛的。

幾乎每個商場都能看到為了引導我們消費傾向的設計策略。

以上這些伎倆，只代表了行銷人士想誘惑我們過度消費的冰山一角而已。想想那些零售商店（或其他產業）為了要框你買東西所設計的招數。我們每一天都在參與這場激烈的鬥爭。現在就開始認清這些常用的伎倆，如此一來你就可以馬上知道他們是怎麼影響你的。除此之外，認清自己的弱點和誘發點也是很重要的。

有沒有特定的店會誘惑你進行不必要的消費？有沒有什麼產品、沉迷物，或是定價形式（像是清倉大拍賣）會讓你反射性地做出回應？當你有些特別的情緒，像是難過、寂寞、悲傷，或是壓力大時，是否會比較容易陷入消費的陷阱？消費主義在我們的文化中無所不在。我們得訓練自己看穿它是怎麼運作的。唯有如此，我們才能抵擋它的巨大誘惑。

一場美麗的解放

記者馬格特．史達巴克曾經透過電話訪問我，為了撰寫一篇有關消費主義、教養、和佳節送禮以及慷慨有關的文章。

這場電話對談持續了四十五分鐘左右，快要結束時，我以為我們之間的交集到此為止。我根本不知道這通電話居然對電話線那頭的人造成了極大的影響。就在我們對談的隔天，我收到了來自馬格特的電郵，我以為那封信是為了問一些後續的問題，或是要釐清當天訪問的內容。結果不然，她是寫信來跟我分享，那場對談讓她對於身外物的看法有了怎樣的轉變。她寫道：「約書亞，我很喜歡我們上週的對話，自從那次對話後，我到現在已經丟了一千件東西了（很可怕吧！）。」在她那青少年的孩子幫忙下，瑪格麗特在她位於南加州達拉謨的家把一堆他們不再需要的東西全都清出來。然後緊接著把好幾袋、好幾箱的家庭用品捐到當地的慈善機構，不消幾天就清出了超過一千件物品！

聽到這種消息令我好開心，然後我請瑪格麗特持續通知我任何有關極簡生活的更多冒險。

從我們第一次談話後，三個月過去了，瑪格麗特又寫了一封電郵給我。這一次，她直接從達拉謨的一家購物中心寫信過來。她比午餐之約預定的時間早到，發現自己在熟悉的商場裡閒晃。

然而這場景卻已轉換成擁有較少的感覺，她看到以前會被吸引的物品，在上面看到了新的曙光：克萊爾的珠寶、Nordstorm 的靴子、Sears 的白色牛仔外套。

她那封信上頭寫著：「約書亞，這或許是我第一次，走進一間商場，卻一點也不想買東西，而且我還經驗到一種空前的滿足感，知道自己擁有的已經夠多了。這就像是一場美麗的解放。」

這是一場對占有的解放，從社會建造的消費主義中解放。**極簡主義的宗旨是：當看到我們不需要的事物時，我們要懂得拒絕**。我希望你也能享有這種喜樂，去經歷這場解放。

要完成這場解放，將會需要我們每一個人都能認清並抗拒自身所處的消費社會。我們需要探視我們的內心，並且認出我們自己與生俱來脆弱的地方。

Chapter 5

內心的渴望

The Want Within

安東尼和艾咪．歐加洛傍晚時坐在客廳裡討論他們的財務狀況，越講越覺得沮喪。家族裡其他人邀他們一起去旅行，他們也很想去，但這些機會對他們來說好像永遠都貴了一點，讓他們無法成行。他們戶頭裡的錢不夠。

「怎麼搞的，我們每次只不過想去做會花個幾百塊的事情而已，連這樣都擠不出錢？我不懂。」艾咪說。

「我同意，」安東尼附和。「我們又不是有人沒有份像樣的工作。我們都有在賺錢，但錢到底都花到哪裡去了？」

然後門鈴響起，安東尼走去應門，走到門邊時剛好看到送貨員消失在一輛棕色的休旅車裡。一個亞馬遜購物網的包裹被放在大門前的臺階上。安東尼眼睛一亮。這一定是他新訂購的超堅固手機殼，或是他一直在等的行動電源。

他興奮地在艾咪面前打開那個包裹——裡面當然是手機殼了。

安東尼整個人專心地把玩他新買的玩意兒，絲毫沒注意到艾咪一動也不動地坐在那兒，沉默不語。她腦中正把剛剛想的事情和眼前的畫面連在一起。

最後，她向安東尼說：「也許這就是我們不能去度假的原因。」

「什麼？就因為一個手機配件？親愛的，這不過才三十五塊美金而已耶。」

「不只是這個，還有所有你在網路上訂的東西。」

「我確實是很喜歡在網上買東西。」安東尼承認。

這對夫妻泡了壺茶後，上網把他們在這幾年亞馬遜的訂單紀錄調出來看，結果把他們嚇了一大跳。他們這段時間內花了超過一萬美元，而且每件物品都在四十元以下。這些東西對他們來說其實沒有什麼實質的意義，有些東西甚至連安東尼都不記得有買過。檢視他們的訂購紀錄，看看這有多麼令人不敢置信，是他們了解自己所跨出的一大步。

這對沒有小孩的夫妻，之所以無法負擔得起對他們而言比較有意義的事物，最主要的原因之一是他們不知不覺浪費了太多錢。每個他們上網買小東西的日子，體內的多巴胺都讓他們獲得短暫的快感。然而如今他們卻發現這些累積的小花費卻造成巨大的損失。我們每個人都需要像這樣了解自己，如果想要以少換多的話，我們需要向內看，並且檢視我們決定買下這樣東西背後的原因是什麼。

我們已經在前面的章節看到行銷者和集體文化是如何影響我們的消費習慣。社會的確給我們造成很大的壓力，但要是我們把一切都歸咎於外在的影響，這樣的分析未免太短淺了。其實大部分的責任是在我們自己身上（很遺憾地我必須這麼說）。

沒人逼我們去買他們的東西。決定要過分消費和過量堆積的是我們自己，這點你也同意吧？對你來說，你之所以買過量，有很多理由。就像歐加洛夫婦一樣，你可能覺得你的花費是因為當下有迫切的短期需求。在本章中，我們將檢視其他你可能會有的動機，例如你購物的理由可能是為了滿足人類基本的需求，像是安全感、想要被人接納，或是為了某種滿足感。

但我想要反駁的是，這些動機其實都有一個致命的瑕疵，那就是你只靠追求物質財產來達到你永遠也到不了的地方，難怪你會覺得被騙而感到失望。

我向你保證：一旦你了解到造成你非必要性購物的原因，那麼你就能脫離物質所有物的制約。同時你也能藉由奉行極簡的原則而找到真正的快樂，以及生命中最重要的事物。

但是，身為你的顧問，我得把話說在前頭：你的內在還有些事情要處理，我的朋友。

擁抱安全感

我們的生命是如此脆弱，而這個世界又充滿了不確定性。無怪乎我們總是不斷尋求安全感。

然而，這些暫時性的擁有物是不可能給我們帶來安全感的。人生太無常了，而物質的力量太薄弱，這也是為什麼我們總是有無窮無盡的欲望。我們總是無法全然地感到安全。

那麼我們該怎麼辦呢？如何才能永遠感到安全？

我們得好好看看那些我們在追逐安全感的過程中，最常被犧牲的東西：與他人的關係。

耶魯大學一名心理學教授瑪格麗特・克拉克指出，物質和提供支持的人際關係，都可以給人帶來安全感。不過這兩者也很容易失衡，她寫道：

人類是脆弱的團體動物。親近的人際關係可以提供保護。例如嬰兒無法在別人的幫助下獨自生存下來。不過物質也同樣可以提供保護和安全感。人類需要食物、衣物，以及遮風避雨的地方，才有辦法生存。因此，人類必須透過許多不同的事物才能感到安全。然而若是你偏重任何一項，那麼其他的部分就會被忽略。

克拉克博士根據她與團隊所進行的兩項研究來支持這個事實。這些研究者們發現，那些內在充滿不安全感的人，比較容易會把心力和價值放在有形財產上。

我假設這個事實反之亦然：那些過度重視有形資產的人，比較不會在人與人的關係上花心力。

如果你確認自己囤物過量的原因之一是因為缺乏安全感，那麼我奉勸你減少購買，轉而把更多心力放在你周遭的人身上。

與家人和朋友建立更深厚的情誼，不但能讓你快樂，還能讓你擁有安全感和滿足感。這比你躲在自己的堡壘裡累積財富划算多了！

因此，別再過度倚賴金錢和物質財產所給予的安全感了。它們永遠無法讓你滿意的。減少你的擁有物吧，如此一來你就能找到實質的安全感。

上述是其中一項造成我們囤物的原因，而另一個罪魁禍首，則是我們對社會接納度的渴望。

當對的事變成錯的事

我和小金很肯定我們的小朋友需要配眼鏡了。薩林和艾莉西亞都開始瞇著眼睛看電子鐘或比較小的字。所以我們最近帶他們去一間眼鏡行，搞清楚有什麼問題，並且幫他們配眼鏡。

有趣的是孩子們對新眼鏡的反應。

艾莉西亞，我們那高年級的女兒，挑了一副紫色的鏡架，滿意得不得了。這絕對會讓她被同學稱讚「可愛」。

但是我們的兒子薩林已經快成為青少年了，他對於戴眼鏡又有什麼感覺？

這個嘛，當他單獨和我們待在家的時候，他並不覺得戴眼鏡有什麼問題。他看電腦的時候比較不吃力，閱讀書本也比較輕鬆，甚至不用起身走近，也可以看得見壁爐上的鐘顯示幾點。但當他跟朋友在一起時，他就超討厭戴眼鏡，只有迫不得已的時候才會戴上。戴眼鏡讓他覺得在朋友面前很糗。

哈，原來有些事永遠也不會變。我還記得我在薩林這個年紀時，我也同樣臉皮很薄。我真想說只有年輕人才會禁不起丟臉，但實話是，即便我們年紀越來越大，只要把我們丟到一個尷尬的處境中，我們還是會覺得很難為情。唯一的差別只在於讓我們覺得難堪的事情不一樣了。

在很多狀況中，我們會因為我們沒有其他成人該有的東西，或是因為自己擁有的物品不夠稱頭而感到丟臉。現在比的可不是像眼鏡那麼簡單了，而是車子、房子、度假去哪裡，還有其他各式各樣人們都會買，或是期望自己買得起的東西。

我想說的是，這些難為情的感受是來自於我們對「正常」的定義。沒人會因為「正常」而感到難為情。只有當我們跟一般人不一樣的時候，我們才有可能覺得丟臉。但是我們對正常與否的認知完全是主觀的，因我們所處的社交圈而異。

就以穿著來說吧。我大膽地假設你和你大部分好友穿得都很像。這並不是因為你們全都有同樣的時尚品味，但是大致而言，你們衣櫃中衣服的質量與數量會差不多。你們會去同樣的店買衣服。你們的衣櫃尺寸也差不多大。你們治裝的費用應該也不會差太多。

為什麼會這樣？

這是因為我們大部分的人選擇把私人時間用來跟我們相似的人在一起。跟這群人在一起，我們會覺得很舒服，並且感到被接納。

然而當你被拉出平常所處的社交圈時，你可能會開始自覺到一些你平常不太會去多想的事情。

想像一下，當你置身在一個派對或是工作聚會，身邊都是社經地位比你高的人。這些人都穿戴剪裁合身的華服到場。突然，你以前穿的服裝變得好像不是很適宜。你開始注意到自己身上的衣服褪色了、舊了、不合穿了，或是比周遭其他人穿的衣服廉價很多。此時，你的內心閃過一絲尷尬，不是因為你平常的服裝有什麼不正常，而是因為因為你的文化對「正常」的定義有了急劇的改變。

這是很典型的反應。但是它應該讓我們了解到，我們對於「正常」的感覺有多麼武斷。

而這也顯示出我們常常過度消費，是因為希望這些東西能讓我們被大家接受，它讓我們感到舒服且「正常」。

因為我們生活在一個把外表、有形財產、個人所得都規範得好好的文化中，當我們在這些方面差強人意時，我們就會覺得無地自容。當我們的衣服是去年的過季品，或是我們開的車沒有比鄰居貴，或是我們住的房子比客人的家還要小。我們對我們髒髒舊舊的地毯感到自慚，替我們破舊的廚房找藉口，或是解釋我們為什麼還沒裝修。

我們為了這些錯誤的事情感到難為情！我們其實根本不該為了社交上的慣常和接受度感到難為情。

如果，我們不是為了衣服的品牌感到難為情，反倒是因為自己擁有一個超大的更衣室而感到羞愧呢？

如果，我們不是對自己開的車感到尷尬，而是對我們把開名車視為理所當然這件事感到汗顏？

如果，我們不是因為自己家太小，而是因為我們浪費了家中許多空間不用而感到丟臉呢？

如果，我們不是為了財產的數量和質量感到難為情，反倒因為花太多錢滿足私欲而感到慚愧？

如果，奢華成了我們感到難為情的原因？而負責任的生活，以及慷慨無私才是常態呢？也許這樣我們就會比較能夠因為「正常」而感到自豪。

你也會為了得到他人的喜愛和認同而瘋狂花錢，大買特買嗎？改變一下你對「接納」和「正常」的看法吧，然後你就會免於尷尬，並且給這個世界帶來正面的影響。

快樂其實一蹴可幾

對安全感的欲求，還有渴望被接納，這兩者都是人類的基本需求，也是我們拚命囤物的原因。但是還有一種需求是我想強調的：滿足感。我們都想要那種達成某件事的感覺，好像我們得到了所有自己想要的東西，並且為之感到滿足。

我們都想到達那個名為「滿足」的地方。人們在各地尋找這樣的地方。有些人在高薪的工作中尋找它，不過第一次錯過升遷機會後，他們就大失所望。有些人想買大房子，但是當需要整修或維護時又怨聲載道。有些人喜歡去百貨公司尋找滿足感，深信只要再買一件東西就夠了，然而當他們買了一堆東西回家時，卻還是感到少了些什麼。

好像我們每次快要獲得全然的滿足時，卻總是差了一步似的。這是無可避免的，因為我們的觀念就是認為「滿足」得取決於物質的豐盛。有沒有可能，我們對這方面的想法全都錯了？

如果其實滿足感跟我們尋找的方向完全相反呢？要是為自己堆積一堆物質並不會讓人知足，反倒是為了他人奉獻比較快樂？我們需要的越少，可以給予他人的就越多，這是真的。但會不會反過來說也說得通？我們給出去的越多，我們所需要的就越少。換句話說，會不會讓人滿足的其實是「慷慨」？那些給予的人會更珍惜他們餘下的東西。貢獻時間的人會更加善於利用他們餘下的時間。而貢獻金錢的人也比較不會浪費自己剩餘的錢。

當你開始幫助他人、分享你的錢財、物品和時間（我們將會在第十一章深入探討），你將會發現自己變得知足。

這項練習會讓你更感恩自己擁有的東西、自己是誰，還有自己所能奉獻的事物。**慷慨的人比較不會貪得無厭。他們在物質之外找到了滿足感、意義和價值。他們學會了在以擁有的事物中找到樂趣，然後把剩餘的分享出去。他們發現了知足的祕密。原來滿足的感覺就近在咫尺。**

所以要是你被誤導，以為要追尋越多越好，我的建議是：控制你的態度。不要陷入「如果……我就可以……」的思維中。反之，要謹記著**快樂並不是建築在任何物質上**。你的快樂取決於自己的決定，這是你人生中最重要的一門課。

小金和我選擇成為極簡主義者，並且簡化我們的生活，背後有許多原因。我們受夠了雜亂，我們的財務也把我們給綁死。我們發現我們浪費了很多時間打理我們的財產。也了解我們並不能從中找到樂趣。於是我們下定決心要重視比身外之物更重要的東西。

當我們開始簡化家中，並且把不必要的東西給清掉後，慷慨的想法油然而生：我們需要擺脫一些東西，而我們也很快地找到需要這些東西的人。當我們這麼做的時候，我們發現施比受更有福。我們不斷追求有形財產的觀念徹底被改變了，不再想要多餘的東西。我們想從給予中體驗到更多豐盛。我們的家因而滿足。

創造適合自己的版本

想要感到安全，想要像一般人一樣，有那種成就達成的感覺——這些動機都是很自然的，沒有什麼不對。但要是我們覺得賺很多錢、添購過量的物品就能滿足這些目的，那麼我們十之八九都會失望。

安全感、渴望被接納，以及滿足感，這些不只是讓你越買越多的隱性動機。當你排除越多動機，還會有其他更多不健康的因子冒出來。這些因子或許很難被發現，但這麼做對你來說是很重要的。有些人買東西會超出他們該買的量，因為他們總是有匱乏感，需要拚命堆積物品來補足那種感受。另一些人則是會忌妒朋友，或是拚命要迎頭趕上他們。而且我們大部分人都很自私。

然而在我的經驗中，對於安全感、被接納，以及滿足感的渴望是最普遍的成因。

我們得認清自己內在有什麼因素驅使我們做下消費的決定，因為唯有這樣，我們才能撥開這些障礙，找到真正幸福和人生意義的動機。

再次強調，尋求安全感，接納感和滿足感並非不好。只是物質的事物在滿足這些需求上有其極限。因此我們需要稍稍調整一下我們的心態：

- 與其買一堆東西，不如從與他人建立愛的關係來尋求安全感。
- 不要藉由擁有和他人一樣的東西來獲得認同感，而是重新改寫你對「成功」的定義。
- 不堆積物質，而是透過把不需要的東西送走，並且感激自己所擁有的一切，藉此建立滿足感。

這場轉化內在動機的戰役是永無休止的。即使我們堅守極簡生活一陣子，物質主義還是會緊緊抓住我們的心。

每當遇到這種情況，就用上述的方式來發現隱藏的動機，然後把它導向自己真心想要的幸福，而不是金錢和物質所帶來的假快樂。現在你已經準備邁向簡樸之路了！

該是實際點的時候了，你家將會煥然一新。一路上，當不必要的東西一點一滴消失，新的可能就會出現在生命裡。我將會教你該怎麼做：

- 輕鬆開始減少你的所有物。（第六章）
- 開始處理家裡比較困難的區域。（第七章）
- 實驗看看，搞清楚自己到底需要多少東西。（第八章）
- 養成持續下去的習慣。（第九章）

我建議你在閱讀接下來的章節時，開始實踐這些原則。每看完一章，就從家裡移除一些東西。再往下讀一章，就再清掉一些。如果你還沒開始極簡化家中的物品，並且改善你的生活，那麼現在就開始吧。

Chapter 6

放輕鬆

Take It Easy

當我和那些開始過著極簡生活的人一起宣傳這種生活方式時，我幾乎可以想見，他們腦中所想的，是自己不斷丟東西的畫面。然後隨之而來的是抗拒的心態。

他們問道：「那我那些有感情的東西怎麼辦？還有我的傳家之寶咧？」

「我的書該怎麼處理？」

「那我們孩子的玩具呢？」

「我的日用品怎麼辦？」

「我老公絕對不會同意這個想法的。我該拿他的東西怎麼辦？」

問題五花八門，然而一旦仔細檢視，就會發現他們所說的重點都很相似。而且這些點，會讓他們還沒開始踏上這條路就被卡住。

再思索一下上述這些問題。每一個都把重點擺在像是傳家之寶、書籍、玩具、日用品，或是喜愛的所有物上，這些顯然是家中最難處理的物品。每個發問的人，心裡都急於想要簡化家中最困難的區域。這心態可以理解。不過對我來說，這現象反映出大家都把重點放在實際的物品上，而不是這件事本身帶來的一些契機。但我覺得應該有更好的方式才對。

我對這些問題的回應向來是：「你不需要從最困難的東西開始著手。從小的、簡單的地方著手就好了。」同樣地，我也要向正在閱讀本書的你說這句話。

從現在開始，別去擔心那些最艱難的簡化任務，而是從最簡單的事情開始。透過清理雜亂的電子裝置、抽屜、客廳，甚或是浴室的櫥櫃，都可以建立小小的里程碑。你將會開始嘗到成功的滋味，然後了解到以少量的物質過活所帶來的好處。當你這麼做的時候，就會學到對付家中其他棘手處的必要技巧，還有應付人生各種挑戰的技巧。

在接下來的章節中，我們將會深入探討一些比較棘手的問題，以及生活中較難開始著手的地方。我會告訴你有關這些問題的解決方法，也會給你一些好的建議，幫助你跨越這些障礙。不過現在我想要提供給你的是最基本的嬰兒步，讓你開始從雜物中找回自己的人生。如同先前提到的，你對極簡主義的定義和實踐方法，肯定會不同於我的。不過仍然有一些大家都適用的起步方式。你將會發現，原來這些技巧這麼好掌握、這麼好用，而且還非常令人振奮，讓你迫不及待想馬上開始。

恭喜，你找到了。

宣示你的動機

首先，讓我們來複習一下什麼是極簡主義。它是有意識地提高我們所珍視的東西，並且移除擋在我們和那些珍視物之間的阻礙。

即便現在談論的是「去雜亂」這個議題，但我們最終的目的，還是為了能讓自己更接近我們人生的目標。而這個前提將帶領你踏上極簡旅途的第一步。

我鼓勵大家，在清理家裡的物品之前，就算只是丟一件東西，你都要坐下來好好思量，當初自己為什麼要走上這條路。

要是你還沒開始這麼做的話，花點時間好好想一想吧！這些可能性是無窮無盡的，而且絕對是很個人的。無論是你這麼做的動機為何，還是你所珍視的東西到底是什麼，這些問題只有你自己知道答案。

我並不是在說你現在就得把自己的目標鉅細靡遺地寫下來。如同我在第三章提到的，你的目標將會影響你簡化的方式，而你簡化的方式又會讓你的目標更明確。在這個不斷有新發現的過程中，兩者是相輔相成的。但既然你現在知道了，把自己之所以想斷捨離和去雜亂的動機給界定清楚，並且時時刻刻提醒自己。把它們確實寫下來。

以下是一些例子：

- 我想要擺脫債務，並且為了退休生活做準備。
- 我想要過比較從容一點的生活。
- 我希望自己能夠幫忙照顧日漸年邁的父母。
- 我想要攀上世界每一座高峰。
- 我希望我的公寓能裝得下我的東西。
- 我希望我能有時間當我孩子校隊的教練。
- 我不想再教音樂，想要加入管弦樂團。
- 我晚上想要多花點時間陪家人，而不是打掃家裡。

• 我希望請人來家裡時，可以不用顧慮家裡有多亂。

當你把這些目標寫下來時，記得把它貼在你常看到的地方，它將會是推動你往前的重要動力。而且，當你日後急需靈感之時，它會派得上用場。要是沒有這份提醒，你可能會忘記自己到底為什麼要把東西裝箱拿到慈善機構去，或是失去了在克雷格列表刊登廣告的興趣。

在我們精簡家中事物和生活時，必須確信這種生活方式是值得努力的。你對於精簡這一舉動的目的宣示，會提醒你這份初衷，而且這個方法也很簡單。不過，這些還只是開始而已。

快速上手的訣竅

在創造自己的目標清單，並環視自己的環境後，到底該怎麼把這些東西給清出去呢？

要找地方應該不是太難，有聽過八十／二十法則嗎？基本上這個理論是關於生產力，不過生活中的許多面向，都可證實這個理論。應用在我們的財產上，意味著把百分之八十的心力用在百分之二十重要的事務上，而把百分之二十的心力用在百分之八十的事務上。因此在你身邊擁有的這百分之八十的物品中，你想要精簡時就很容易了。

我建議你從家中最常使用的地方開始。像是客廳、臥房、浴室等，都是絕佳的起始點。這些地方通常比廚房、辦公室或閣樓還要好清理，花費的時間也較少。但是更重要的是，因為你經常會使用到這些空間，所以很快就能體驗到從這些區域下手所帶來的好處。

整理客廳的雜亂，可以讓你的居家生活更祥和寧靜，並且比較能專心與家人團聚放鬆的時光。極簡的浴室將讓早晨的梳洗更為簡單。而清理過後的臥房，也能讓你的白天和夜晚都受益。當你把家裡多餘的東西都移除後，你幾乎會立刻感受到這麼做所帶來的好處。

請謹記，現在就將重心擺在簡單的戰場上，然後先馳得點，建立你在這條路上的里程碑。在自己最常待的地方開始進行顯著的清潔工作。你很可能只要花幾小時就完成第一步了。先不要做任何困難的決定。也許只是拿來一個空袋子，把容易割捨的東西先丟掉，還有那些你不希望出現在家裡的東西，以及你早就想丟掉的東西。把他們裝袋，然後擺到一邊去。晚點再將它們進行分類。

這不是什麼大掃除，你還不需要把家中裡裡外外都清潔一遍，但你已經可以坐著欣賞這樣做的成果了。住在一個精簡舒適的房子中，你會開始感到油然而生的平靜。

讓我告訴你我最先清理的是什麼吧！它剛好是個能讓我帶著走的東西。

小本田給我帶來的平靜

如同我在本書一開始所提到的，某個星期六，我因為整理車庫而開始了解極簡生活這項概念。那個故事還有後續。

那天晚上，我爬進我們那輛小本田汽車，打算把它開回車庫時，發現了一件我以往從沒注意到的事。到處都是根本用不上的東西：從來沒戴過的太陽眼鏡、沒聽過的CD，沒用過的地圖等等，再深入挖掘，又發現了填充動物玩具、番茄醬包、一大疊紙巾，以及一整籃的童書。駕駛座的門那邊有一些不要的筆、收據，還有掉在儲藏區的銅板。

就許多方面而言，這輛車就像是我過往生活的縮影。到處都雜亂不堪、堆滿物品。我所到之處都伴隨著這種雜亂。

我做了一個深呼吸。然後決定這裡絕對是我要開始極簡生活，最簡單的下手處。（還記得此時的我，聽聞到「極簡主義」這個概念也才不過幾小時而已）。我拿了一個塑膠袋，然後把車上絕對用不到的那些東西都裝進去，只把保險證明和車子的操作手冊留在手套區裡，其他統統拿走。然後再把袋子拖出去分類。

透過清理車子這個簡單的動作，我們家正式踏上了極簡的旅程。而這整個計畫只花了不到十五分鐘的時間。我幾乎馬上就感受到這麼做所帶來的益處。

隔天是星期天，我一早就起床了。我服侍的教會離我家大概相隔十哩遠，我習慣在星期天一早開車過去。在那個寧靜的早晨中，我穿好衣服，吃好早餐，接著就去取車。

我現在還清楚記得當我進入那淨空的車內是什麼感覺。我周圍的空間似乎再也不同以往。它不但變整潔了，而且也更讓人平靜——就像呼吸到一口清新的空氣一樣。

車內令我分心的物品變少了，保留下來的物品都有明確的用途。我在開車的時候，可以明顯感覺到自己的心情更放鬆，讓我能夠專心迎接這嶄新的一天。

我知道這種平靜且專心的感受，是我一直以來渴望在生活中體驗到的。我不敢相信它居然來得這麼簡單和快速，只不過是減少所有物就辦到了。

一個房間一個房間慢慢來

在進行清理居住環境這第一步後（或是以我為例，我是從清理車內環境開始），接下來就是更進一步去減物了。一個房間一個房間慢慢來，直到你可以把整個家裡都清乾淨。

現在，我想你會問一些更困難的問題：到底有什麼東西值得留下？哪些又該捨棄？哪些東西對我的人生而言是加分的？又有哪些東西會干擾我的注意力？

請記得，你不需要急著馬上搞懂這一切，或是一下就想把整個家給清理乾淨。**一次只需要專注在一個特定區域就好**，像是一間房間、一個衣櫥，甚或是小如抽屜的區域。我再次強調：從簡到難，慢慢努力。下個章節中，我們將會解決對你來說最棘手的選擇。

每當你進行到一個新的空間，請盡可能地把東西分成三類：

❶要留的東西；
❷要重新安排擺放於家中位置的東西；
❸要拿走的東西。

分類過後，再把要留下的東西放到最適當的地方。可能的話，把這些物品放在看不到的地方，因為這麼做可以幫助你減少分心的狀況。還有，當你要收東西的時候，把最常用的放在櫃子的最前面，不常用的放到後面去。（這是我私人贈送給你的收納建議。）

接下來，把你要重新安置的東西拿到家中適切的位置。舉例來說，你從走廊上把玩具撿起來後，要把它放到玩具箱裡。如果你發現你們家的青少年把衣服掛在椅背上，那你可能得把它放到洗衣籃裡，或乾脆請他們自己把東西放好。

最後，把「要拿走的東西」分成四個次分類：要捐的、要賣的、要回收的和要丟掉的。不要讓它們留得比必需品還久，因為要是你這麼做的話，它們會散亂到各處，造成你不希望看到的雜亂。

不管在處理哪個空間，很重要的一點是，要實際碰觸到每件物品才行。幾乎每個專業的管理好手都會這麼建議你，因為切切實實地用手拿著物品，會迫使你非得做出決定不可。如果你只是快速地掃視過這些物品，很容易會有漏網之魚。

用這樣的想法來處理每件家中的物品，是否導致你精疲力竭？我很不想這麼說，但如果真是這樣的話，那就表示你的東西真的太多了。就用這個事實來鞭策自己，逼自己更果斷地斷捨離吧！如果你覺得這樣東西重要到需要帶回家，那你現在再次檢視的時候應該也能找到充分的理由將它留下才對。

在去除多餘且不必要物品的過程中，你會建立起自己對雜亂的定義。初期時，我老婆和我對雜亂的定義就是：過多的物品塞在過小的空間裡、任何我們不再用得到，或是不再喜愛的事物，還有任何你覺得沒條理的事物。盡量擺脫這些東西吧！但還有一些定義，你或許需要重新思量一下。舉例來說，約書亞．菲爾德．莫爾伯就把雜亂定義為「任何不能替他人生加分」的事物。

馬莉．甘道將家裡的雜亂物品形容為「不能激起愉悅」的事物。彼德．瓦許則進一步說，雜亂就是那些「阻擾你好好生活」的東西。威廉．莫里斯則這麼說：「那些不知道有何用途，或是你不覺得美好的東西，就別留在家裡了吧！」

選擇一個對你來說有用的定義，然後把符合這項定義的東西都清除掉。

在某些情況下，這一步很簡單，例如當你的車子裡堆滿不必要的東西、爆滿的抽屜，裡面裝著一堆要斷不斷的橡皮筋，沒電的電池，或是沒用的鑰匙。你的櫃頂上充滿無限的可能。衣櫥裡充滿你再也不會穿的衣服。對你來說不再具有任何意義的獎項，還有過時的裝飾物品等等。

但某些時候，你會需要更多的時間和動力來跨出這一步。想想看那些大型的計畫，像是車庫、地下室或閣樓這些地方。具有特定功能的地方，包括廚房或辦公室，還有那些堆積多年的敏感物品、跟你興趣有關的物品、藝術品和工藝品、烹飪用具、運動或音樂等等，諸如此類。還有，其他家庭成員所製造的雜亂也會入侵公共領域中。

接下來的章節，我們會探討到上述這些地方，但是現階段的重點，是從規模小的、簡單的計畫下手。先做到這些，然後好好體驗這麼做所帶來的成就感。

現在，我必須給你一些忠告。

面對生命中的所有事情，都不要把「想要改變的欲望」和「實際去做」這兩件事混為一談，這點很重要。「想要」去雜亂，或是「談論」這件事，都不會帶來任何正向的益處。唯有在你真的這麼做了之後，才能實際體會到它的美妙之處。

提醒自己，嘴上說要改變，跟真的改變是不同的。因此，今天就開始往對的方向跨出一小步吧！

除去累贅，擺脫惡性循環

很多人都害怕，覺得要是把家裡的東西都扔掉了，他們將來會後悔。所以他們只好把那些東西留下來，一切都是為了「以防萬一」。這是造成雜亂的主因之一，即便這些「以備不時之需」的物品根本極少會派上用場。

如果這層擔心會妨礙你逐一去雜亂的計畫，那麼試試以下這個簡單的方法吧：**丟掉重複的物品**。這麼做的美妙之處在於，永遠只會有一個「以備不時之需」的物品需要留下來。

舉例來說好了，想想看「毛巾」這項物品。當然你家會需要用到毛巾。不過你可以很簡單地減少你自己的毛巾量。

舉例來說，也許你們家是四口之家，但你們卻有一打，甚至更多的毛巾。事實上，一人兩條就夠用了，一條拿去洗的時候，就用另一條來頂替。這樣或許對你們的需求來說已經足夠了。你或許還沒準備好過這種一人只有兩條毛巾的生活，但是想想那些堆在你櫥櫃裡的毛巾吧，把它們清掉一些，騰出更多空間，難道你不認為這樣很棒嗎？

用同樣的思維來清理你的家吧。或許你到處都會看到這種多出來的物品。其實很容易就會掉入這樣的想法裡：如果有這麼一件東西很好，那麼擁有更多不是更好嗎？所以我們要買很多個才行，毛巾、床包、原子筆、鉛筆、鍋鏟、烘培紙、杯子、衣服、衣架、牛仔褲、鞋子、外套、行李箱、鏟子、鎚子、電腦……簡直就是族繁不及備載。有時我們甚至擁有不只一間房子和車子！

當你把多餘的物品移除後，你就會注意到有些不可思議的事情發生了。你家會突然充滿你所喜愛的物品。同時，你也會自然而然地好好養護你的所有物，因為當它們需要修繕或替換的時候，你會比較容易注意到。

除此之外，當清理掉這些多餘的東西後，你會立刻注意到家中其他許許多多可以丟掉的東西。

這對你來說已是一個別具意義的進步了。它會讓你迫不及待想要告訴朋友極簡生活的美好。

分享你的故事

我對我那兩個孩子出生的日子，至今仍記憶猶新。哪個做父母的不是呢？他們出生的那一天，我拿起電話打給親朋好友們，欣喜若狂地向他們宣布這個喜訊。我們的周遭瀰漫著愉快的氣氛，讓我無法抑制這份欣喜，急著分享給別人。聽到別人因此而興奮，我也更開心了。

我從這些場合中學到了人生相當寶貴的一課：快樂是會傳染的。唯有讓其他人也感受到這份喜悅，一切才會更圓滿。不只是像新生命誕生，這種人生的重大時刻，會讓我們有分享的衝動。就連比這更小的事情也是如此，像是發現一間很棒的餐廳，我們也會想要推薦給別人；讀了一本很精采的書，我們也會與朋友分享；發現了一條捷徑，我們也會建議其他人走走看。

分享美好事物的這項練習，會讓人們體驗到跟我們一樣的愉悅感受，進而讓他們的生命變得更美好。這麼做同時也會讓我們的幸福更穩固、強化我們習得的正面感受。

當你開始在家中實行這些簡化的行動，我鼓勵你和朋友、家人、同事或鄰居來分享你的故事。找個機會向他們分享吧，或許是利用一杯咖啡、一餐飯，或是在茶水間的短暫時間，談論減物的新發現。試試看用這句開場白吧：「我最近發現了一件事，沒想到當我擁有更少，反而變得更快樂了。我是從……開始的。」

你搞不好會發現，這些人對於家中物品減量躍躍欲試。就算他們沒有，起碼也會替你感到開心。他們下次看到你的時候，會堅定地握著你的手，問你一切進行得如何。另一個附加的好處是，當你分享自己的故事，你同時也會提醒自己當初自己為何會走上這條路。

現在就開始吧！

現在複習一下有關極簡生活的前期步驟吧：

- 把你的目標寫下來。
- 從生活區域裡找出最簡單的目標，開始進行去雜亂的動作。
- 一個房間一個房間慢慢清理，把該丟的丟掉，該清潔的清潔。

- 把重複的多餘事務清掉。
- 和其他人分享你的故事，保持你繼續前進的動力。

關於你到底需要多少東西，我還有很多要挑戰你認知的顛覆性思維要告訴你。不過就現階段而言，上述這五個步驟都不棘手，而且每個人都能夠做到。除了這些以外，你或許還可以想到更多方法，幫助你從負擔和物質爆炸的生活中解放出來。請記得，重點是一開始要從簡單的下手，而不是先挑難的去做。

那麼就開始吧！用最簡單的方法，開啟你的去雜亂旅程。在進入到下一個章節前，先挑一個抽屜或是衣櫥（總之就是最容易著手的地方），好好清理它吧！

你邁向正確方向的第一步可以很簡單，現在就開始吧！

Chapter 7

解決問題

Troubleshooting

開始替家中去雜亂後，難免會有一些兩難的決定浮出檯面。這樣的狀況是無可避免的。當家中的雜亂物品慢慢退場時，我們始終得要面對那些「容後再議」的東西。這些東西是減物過程中最惱人的問題了。

在本章中，我會特別列舉一些通常人們最難取捨的物品，像是：

- 書籍；
- 紙張；
- 科技用品；
- 紀念品。

還有其他兩項大家比較想不到的東西，等時機成熟時，我會再跟各位分享。

我會釐清每個部分，舉例說明，並提供實用的點子來幫助你發掘那個領域。

本章節中的某些地方或許跟他人比較有關，跟你好像沒什麼關係，但每個部分你都會看到一些共通的主題。你會很想不斷回頭看，而非放棄。

一個夢想幻滅後，另一個夢想就誕生了

在《一百件挑戰》這本書的〈最難戒除的東西〉一章中，作者大衛・布魯諾談到了他決定要把車庫裡的木工用具拿去賣的事情。這些工具累積了很多年，他也很在意這些東西，但它們必須被清理掉。這是他為了達到減量一百件事物而給自己下的戰帖。在這個故事中，大衛很清楚自己花了很長的時間夢想能開一間小小的木工店，而他也真的用得到這些工作，但他知道是時候放手了。

大衛找到一位願意收購這些工具的買家，把這些東西運到對方的卡車上，然後看著這些用具永遠走出他的生命。

「我的木工夢暫告一段落了。」大衛宣布。「除了努力靠一百件以內的個人物品過活之外，我現在週末已經不會再假裝自己是個藝術家了。」

對大衛來說，把這些工具拿走，就意味著他的夢想已死。「我努力打消想成為木工之神的白日夢。在現實生活中，我根本就不夠格。要承認並放棄想成為我永遠也當不了的大人物

的念頭，真的不容易。」

有時候，和這些物質告別，某程度也代表著自己放棄了自己營造出來的假象，那種自以為能夠成為什麼人的假象。

有時候，減物代表著一個夢想的消逝。但這不全然是件壞事。也許當下很難受，但這麼做卻是必要的。有時候，我們必須放棄成為自己原本渴望成為的人，轉而接納自己真實的一面。

這也是當你在對比較困難的區域進行減物時，我想要你牢記的一個重點。**通常這些東西之所以那麼難處理，不只是因為它們在實務上真的很難縮減，而更是因為它們會迫使我們放棄一些我們自認為很重要的事情。**或許我們放棄的事物沒有重要到像「夢想」這麼崇高的程度，但我們終究得面對一件重要事物的失去。

因此，要克服這艱難的一步，就必須提醒自己，你之所以割捨這件東西，最終無非是為了一個更偉大的目的。而這個最終的好處，將會透過減物的生活方式來到你的生命之中。你現在緊抓不放的，或是其他看似重要、實則對你一點幫助也沒有的東西，都遠不及它所帶來的終極益處。

當你發現自己正對某件難以割捨的事物天人交戰時，想想生命為何可因此以小換大，這將會幫助你快刀斬亂麻，果斷下決定。

東之高閣

在接觸極簡主義不到六星期的時間內，我上班時收到了一封令人意外的電子郵件。這封信是我們老闆寫來的，內容是通知大家整個辦公室即將進行大掃除。我們租用了一輛大型垃圾車，電話全都要關機，會議也要挪開，公司也會幫大家訂好午餐。每個員工都要把這天空下來打掃自己的工作環境，以及本棟建築的公共區域。

想像一下，這可是有錢拿的減物工作啊！這簡直好到令人無法置信。老實說，那時我的辦公室簡直是一團亂。我的筆電、抽屜和櫃子亂到我都不好意思了。我搞不好比其他同事都還需要花上一整天來好好清理一下那些無用的東西。

大掃除當天，我一早就到公司了，而且還把工作區域用不上、要拿走的東西都給移動完畢。書籍排在我第一個待處理的項目。我縮減了我書架上的藏書，一天以內，就把三個書櫃精簡成一個書櫃，我相當得意這樣的成果！過時的參考書籍是我最先丟掉的東西。我提醒自己，反正這些資料網路上很快就可以查到。

接下來處理的是那些我從未讀過的書籍，（而且說老實話，我將來也不打算要翻閱它們）。把它們清掉的時候，我心裡如釋重負。我再也不會被這些「我應該要讀」的書壓得喘不過氣來了！反之，我能夠看到未來許多新的閱讀可能。

當我想起那些我讀過的書時，我會問自己，這本書我是否會常拿起來看，或是會經常推薦他人閱讀。如果答案為「是」，那麼我就會留著，以供未來參考。如果答案為「否」，那我就會把它清出我的工作區域。

那一天，我還把我掛在牆上的大學畢業證書，以及一些證照都清走了。我在這麼做的時候，突然想到，我把這些東西掛在牆上，只不過是為了我的聲譽，告訴來訪者我是個值得尊敬的人而已，然後我又想到，我對書的態度也是如此。我的書架上之所以堆這麼多書，有一部分的動機也想向來我辦公室的人表明，我有多麼博學多聞，多麼了不起。

了解到自己的心態後，我感到相當汗顏。當我把三分之二用不到的書給清掉後，我再也不需要靠書架上書的數量來向別人彰顯自己了。

「該如何減少書籍」，這大概可以排上詢問度最高的前五大問題之一了。他們問的書通常都不是工作用書，反之，會問這些問題的人都是愛書人士。那種會在床頭堆滿小說，或是公事包裡隨時都帶上書、會利用午餐時間閱讀，或是家中有不只一個活動書櫃的人。

不管你家中有成千上百的書，還是只有幾十本書，也不管你買來是為了你的專業，或是純屬娛樂，你都可以從書籍減量中獲得益處。

請記得，你的人生有更大的計畫要實行，而雜亂——就算是腦子的雜亂——都會阻礙我們完成計畫。

如果你發現書籍對你來說是很麻煩的區域，這裡有一些對你有幫助的思維，讓你可以開始你的書籍減量計畫：

- **認清「書籍並不能定義你這個人」這項事實**

書籍的確有其價值，也能形塑你，但它們的多與寡，並不能代表你這個人。

- **提醒自己，你對書的回憶，跟書本身無關**

有時候是這本書給我們的感覺，讓我們覺得難以割捨。通常只要花點時間把這些感受和關聯給寫下來，就比較容易割捨，把它傳給其他跟我們一樣熱愛這本書的人。

- **把傳遞好書給別人視為一項愛的舉動**

把一本好書留在你的書架上，意味著它們少了一個被別人看到的機會。把這份樂趣分享出去吧！

- **替你的收藏設下合理的界線**

這些界線能夠幫助我們快速分辨什麼是最重要的，什麼是次要的。這樣的作法在許多方面都很管用，好好利用它。我選擇把三個書架精簡成一個，但這樣的作法，對目前的你來說或許太激進了。不要緊的，這不是比賽。選擇你自己的界限，然後試試看吧！你可以隨時調整。

- **容許自己留下最愛的事物**

記得，「減物」跟「一件不留」是不同的。找出你最喜歡的書，然後讓它們留在你身邊。知道這些決定都是自己做的，而不是出自於別人的逼迫，你會因此而感到自由。

・以電子書取代紙本書

你可以在電子載具中儲存一堆書籍，比紙本書輕薄多了。如果你把許多書都存在行動圖書館裡，還是有可能會陷入雜亂中——電子雜亂——但至少他不會那麼令人分心，也比較不會造成負擔，並且比紙本書還要好取得和收藏。

再見了，紙先生

我年輕的時候，雪倫阿姨給我取了個綽號：紙先生。到現在我都已經年過三十五了，她還在開這個玩笑。不過她說對了一件事：我超愛囤積紙類。

我喜歡各式各樣的空白筆記本：藍色、黃色、綠色、單欄、三欄……每本筆記本的左側都用線裝訂。我用這些本子寫故事、畫畫、記錄一些統計數字、收藏棒球卡，或是拿來計算。我通常都把這些東西亂亂地堆在我臥室的地板上。

等到年事稍長，我對筆記本就沒那麼著迷了，但我還是被一堆堆的紙張給包圍。它們已經不是棒球積分那類的東西，而是我該支付的帳單、該申報的稅務收據、待收納的折價券、待處理的工作文件、隨手翻閱的雜誌，還有分類不完的信件。

處理這些散亂的紙張並不容易。若說我可以完全征服這項苦差事是騙人的。這項物品在我們的日常生活中隨處可見、無孔不入。造成紙張雜亂的來源很多，像是信件、學校、教堂和工作的地方等，全都有數不盡的紙張。這是造成許多人家中雜亂的主因，很難解決。你家裡堆積了多少紙張呢？試試以下這個實驗吧：

估算一下，你家的紙張可以裝滿幾個檔案櫃？一般來說，平均每個檔案櫃裝滿，大約可以裝四千五百張紙。這數字是不是很可觀？

你也不太可能會把紙張平整地放進檔案櫃的抽屜吧？

大部分人都會亂丟、亂堆，或是在雜亂無章紙堆裡遊走，而不是好好利用它們。連企業主管要做事前，一次都會用掉三、四十張紙。

替紙張分類、建檔和儲存，除了會占據時間和空間，也會造成內心的混亂，占據我們的心力。「雜亂，是拖延和焦慮的外在表徵。」──李奧．鮑伯塔[1]寫道。講到紙類時，這句話再正確也不過了。

未繳款的帳單、尚未閱讀的報紙、未分類的信件、未完成的工作計畫……堆滿了我們的書桌，也占據了我們的注意力。每當我們走過成堆的紙張，我們就會忽略當下的生活目標，轉而被這些紙張吸引。有鑑於此，**盡可能地把這些雜亂的紙張移到我們的視線範圍外，並且專注在對我們而言相對重要的事物上，這個做法是很重要的。**

想要過「無紙生活」，你可以用電子化的方式來保存文件，這種做法現在越來越可行了，就連比較不科技化的家庭也適用。因此我很樂意把這方法推薦給各位。

但要是你不打算徹底過著「無紙生活」，那麼單純做「紙張減量」也不失為一個好方法。除了完全杜絕廢紙產生外，我還發現一個各種家庭都適用的辦法。可以用三大問題來進行「紙類大掃除」：

●為什麼？

首先問問自己：「我為什麼要保留那麼多紙張？」答案可能有很多：

你是一個慣性拖延者，這些紙張意味著「拖拖拉拉不去處理」。

你是一個沒有條理的人，由於不善分類，才會導致如今這種雜亂的局面。

你不懂得去蕪存菁。保留這麼多文件，是因為你無法分辨哪些東西該留，哪些該丟。

你對紙張有難以割捨的情感，總是無法丟掉像是情書、孩子的勞作，或是珍貴的剪報等等。

唯有搞清楚家中紙張堆積過剩的原因，才能找出解決之道。

●什麼東西？

在你發現自己「為何」會囤積紙張時，要回答接下來這個問題就更容易了：「我到底該留下哪些紙張？」

在成為一名極簡主義者之前，我手上留有數不盡的財務文件。只要看看我的檔案櫃，就可以看到我的信用卡帳單，以及十年前的水電費帳單。我把這些都留下來，是因為我以為我有需要。

然而實際的狀況根本不是那麼回事。當需要檢視你特定的法律狀況時，很多國家都會要求你保留個人財務紀錄，只要三年即可。而且現在很多機構都可以透過網路取得財務紀錄，使得保留紙本變得更不必要。

若是非財務上或法律文件以外的紙張所造成的雜亂，你需要的是把博物館的概念運用在你的家裡。讓博物館看起來很讚的並非掛在牆上的東西，因為那樣才能凸顯裡面的藝術品。因此，就像策展人一樣，根據你的情感需要和整體感來決定物品的去留吧！

從小孩的勞作、學生時代的報告，或是之後想要閱讀的刊物中，只選擇留下自己最喜歡的項目，以此來做到紙張減量吧！

● 怎麼做？

回答完「為什麼」以及「什麼東西」這兩個問題後，你就比較可以養成新習慣了。現在你該問的是：「我要怎麼控制紙張雜亂的局面？」

這牽涉到兩個關鍵：**快速分類、正確建檔**。

當家裡一出現紙張時，立刻下定決心採取行動處理它。把垃圾信件給丟了，把折價券用迴紋針夾好、把帳單付清，成績單也好好收好，將財務檔案分類。這些舉動都只消幾秒或幾分鐘的時間而已。與其把紙張疊在桌上，亂上加亂，倒不如馬上處理掉。

把你無法立刻處理的項目先放在固定的地方，以後再處理。（我建議可以把它們簡單放在一個「待處理」的麻布袋中）。

日後有必要時，再找個時間坐下來徹底分類是要留下、歸檔還是丟掉。

快速行動並一次做好分類，這個簡單的舉動有助於處理家中各式各樣的紙類髒亂。你不會漏掉這疊紙的，而且擺脫這些令你分心的紙張，可以讓你得到解放，進而追逐你真正在意的事情。

科技小幫手

科技日新月異，每當有新科技發表，總是以華麗的姿態出場。這種改變我們與世界互動的科技榮景聽起來好像不錯，因此我們總是不斷購買這些裝置，數量堪稱驚人。於此同時，我們的舊玩意兒則被擱置在一旁，因為我們不確定該怎麼處理。難道這鋪天蓋地的「科技雜亂」是不可避免的嗎？

科技領域的專家們將「科技落後」與「功能落後」作了明顯的區隔。「科技落後」指的是你的科技裝置比其他同種類裝置的外型更差，例如智慧型手機的製造商，在你買進他們的手機半年後，又推出了新的款式。另一方面，「功能落後」只有在你的東西再也不堪使用時才會發生。例如某款軟體再也無法正確執行。

我們很多人只要一面臨到科技落後的情況，就會急著購物。一旦我們發現自己上個月才買的酷炫小玩意兒，馬上被市場上更厲害的款式取代，我們就會喜新厭舊，想買新的那款。我想反駁的是，我們其實應該等到真的不堪使用再換新。如果我們擁有的不是最新的東西又怎樣？又有誰真的在意呢？

現在我並不是要反對科技的發展或使用。事實上，拜科技所賜，我必須很高興地說極簡主義比之前更可行了。我一支電話就具備了電影、書籍、音樂、地圖、月曆、星巴克儲值卡，以及電話簿等多項功能——我不需用各種不同的方式來使用這些功能。科技反倒是極簡主義持續成長的原因之一，如今「擁有更少」這件事變得前所未見地容易。

但我擔心近來有許多人以為新的科技會自動改善我們的生活，並且只會帶來便利。然而此話非真。

事實上，我們並不是有意識地在消費科技，它通常使我們的生活更為雜亂。這些科技會讓我們的精力、時間、空間和銀行存款快速消耗。用電腦花了一整個下午，結果只是為了完成一項看起來很簡單的任務，這經驗大家都有過吧？

無論現在還是以後，**每當我們面臨到是否該買新的東西，還是要繼續用舊的就好，我們只需用一個簡單的問題來過濾：「這個物品是用來解決什麼問題的？」**

科技應該要能快速且有效地解決我們家中和工作上的問題。但要是科技並不能替我們解決特定的問題，那麼就是多餘的。

去除那些不會再使用的舊裝置所造成的雜亂（以及他們附加的電線和電池），重點只需擺在如何適當地處理它們。很多地方都有舊電器捐贈或回收中心。

但是我們未來在消費層面又該做些什麼呢？

買新手機只為了升級，而它卻沒有全面改善你的生活，這是很愚蠢的行為。同樣的道理也適用於相機、家中的娛樂設備，以及電腦。如果家中的電視運作如常，那麼你根本不需要換更大的電視。極少有人會後悔將自家的科技用品升級。

你根本不需要只因為聽了公司或製造商說你需要這個東西，就排隊去買這項新產品。反之，你該做的是計算這些購物行為中的機會成本。如果不買這個玩意兒，你可以拿這筆錢來做些什麼？償清債務？好好來個週末輕旅行？把那舊到不行，用得比你前一支手機還久的床墊給換掉？

開始好好問自己，**這項新科技是否真有改善你的生活，還是只是把你帶離真正重要的事情？**

花點時間更深入地了解科技吧。這並非要你終結你的夢想，這只是代表你已經開始大步往前邁進，追求人生真正想要的事物。

最好的辦法

對於我太太和我來說，清理地下室是我們實施極簡生活的最後一步。這不只是因為我們在那裡存放了一堆東西（雖然事實的確是如此），然而更重要的是，這對我們來說同時也是相當多愁善感的舉動。畢竟存放在箱子裡的東西都訴說著我們生活中的點點滴滴。

那些高中畢業紀念冊、大學教科書，還有未拆封的結婚禮物。鞋盒中塞滿了照片，以及我們去海外旅遊所蒐集的紀念品。還有從兒時保存到現在那些數不盡的勞作作品。要丟棄這些並不容易。

這個計畫會花上好幾個月的時間，同時也需要情感的投入。不過我們可是「有練過」，當我們把家中裡外的東西都清掉後，我們更加確信「少即是多」的道理。

因此，我們心態上已經準備好要通過最大的考驗了，那就是決定保存了二十年，對我們有情感意義的物件，是留還是丟。

我們擬出了一個叫做「只留下最佳」的策略，每當遇到那些掙扎著要不要割捨某些有紀念價值的物品的人，我都會推薦他們這個方法。

我們並沒有要拋棄一切，但也不用全部留下來。**只要留下來最棒的就好——也就是最有意義和質感最高的物品，可以讓我們憶起往日的時光和心愛的人。**

因此，與其把這些特別的物品放在箱中，我們特別在家中觸目所及之處，找了一個空間去擺放這些東西。

如此一來，我們的腦袋就真的就會更常回想起那些珍貴的回憶。讓我舉例說明一下這是什麼意思。

在我們整理地下室的期間，當中最感性的時刻，就是小金發現了一盒從他祖母愛琳家拿來的紀念物，這是自她祖母過世後就開始蒐藏的。

就很多方面來說，愛琳對小金而言就是個英雄。我太太相當尊敬她祖母對人生的熱情，她熱愛她的家庭、她對禱告的熱情，以及她對神的虔誠。因此這盒紀念物對小金來說是相當親密的。

然而，我們還是奉行「只留下最好」的原則來整理。小金從箱子裡選了三樣最能代表她祖母人生的物品留下。她選了糖果盤──現在被她擺在客廳裡裝甜點，只要有人進客廳就可享用。她還留下了一只祖母夾克上別的蝴蝶胸針，她每次去探望祖母時，祖母總是穿著它。然後他還保留一本祖母的聖經，現在放在我們的床頭櫃上，也就是祖母以前放聖經的地方。

因為我們留下更少愛琳祖母傳下的東西，反而讓她的記憶更彌足珍貴。更重要的是，我們昇華了愛琳遺物的價值，以及我們想要彰顯的價值。因為我們凸顯了最重要的東西，讓她所遺留下來的精神更加強大。

你開始了解到「只留下最好的」可以幫助你決定哪些回憶值得收藏了嗎？

如果要放棄這些紀念品對你來說還是很困難，那我再給你幾個小撇步，應該會讓這件事變得簡單一點。

當你想要力行「只留下最好」的方式前，請先試試以下的方法：

● **暫時留下一半**

如果要大幅縮減那些對你來說有情感意義的物品很難，那麼請就目前的數量減少一半就好。例如你有兩箱跟高中回憶有關的物品，你能減少到一箱嗎？

減少一半總比什麼都不丟好。這種自動設下的界線，通常會有助於快速了解哪些物品對我們最有意義。最後，我們或許可以更輕易地把這些東西縮減到最精華的量。

● 丟掉前先拍照

有時候你之所以留下一些有感情的物品，是因為你害怕丟了以後會想念它們吧？如果是這樣的話，丟掉這些物品前，先替它們拍照留念，或許會讓你好過一些。現在你已經留下紀錄了，所以其實也不算真的什麼也不留。

請記得，**你的回憶並不是存放在實質的物品中，而是在你的心中。物品只是幫助你回想而已**，因此，以照片的形式留存，跟實體一樣可以達到緬懷的效果。

有些人可能會反對這個作法，因為拍照會衍生出另一個讓人沉迷的事物──照片。的確，就如同我在談論電子書時提出的，電子雜亂終究也是一種雜亂。但我要再次強調，如果整理得宜，電子雜亂比實體的雜亂好一些，比較不會造成負擔。至少它很容易移動、管理、放置和存取。

所以，儘管替你曾祖母那輛破舊的箱子拍照留念吧，還有那條小時候玩扮家家酒，當作是你未來老公送你的那條廉價頸鍊，或是孩子第一次畫出有脖子的人的畫作。這些照片，未來也可以像物品本身一樣，成為很好的回憶。

● 給予它重生的機會

如果這些令人感性的小物能夠為他人所用，那麼就讓這些回憶昇華，賦予它們第二次生命吧！把它們捐出去，確保這些東西能讓他人創造新的回憶。嬰兒用品就是最好的例子。

我注意到要丟掉孩子的衣服、玩具，以及各式各樣用過的嬰兒用品時，許多父母都感到很頭痛。這是情有可原的。因為這些都是孩子在強褓時期無可抹滅的珍貴回憶。

你可以只留下「最棒」的物件，例如孩子受洗時穿的長袍。但你絕對不需要保留每一件小玩具、圍兜，或是嬰兒鞋。你的生活重心已經轉換了，同時你也和孩子不斷製造新的回憶。事實上，如果你把這些東西留到孩子青春期，他們只會因此感到難為情而已。

再者，有很多新手媽媽（無論是單親或是已婚）都可以因此獲得小孩的服裝和許多嬰兒用品，我們又何必自私地一味留存，獨享這份喜悅呢？想像一下，這些衣物能正被某個小朋友穿著，而她的媽媽正親暱地逗弄著他，這畫面不是更快樂嗎？收到這些衣物的人是蒙福的，而你也是蒙福的。

這些被捐出的物品因而有了第二次生命。

我們抓著這些有紀念價值的東西不放，是因為這些東西會帶給我們快樂，提醒我們生命的意義：我們身邊的人、我們共同的經歷，以及我們的成長和成就。然而不巧的是，大多數時候，正是那些我們在生活中不斷堆積的物品，阻止我們經驗到那些美好。它們用不必要的壓力、關注和財務責任令我們備感壓力。因此，別害怕只留下最精華的部分。當你忙著抓住往日的東西不放，就不可能去擁有新的體驗和關係。

現在，我希望你把注意力放到兩個你從沒想過的地方——但其實你該想到的。例如你每天開回家的車。我們現在該處理一些大型的物件了。放棄某些華而不實的夢想，迎向更好的現實人生。

以車為榮

在我們的社會，很多人（不是全部，但很多）都很迷車。就某層面而言，我們對車子的著迷是合理的。我們居處在車輛使用度最高的城鎮中。但我們對汽車的癡迷遠超出我們的真實需求。這意味著，車輛對我們來說不只是從某地到他處的代步工具而已。

通常，開什麼車，以及車的大小和舒適程度，會跟我們的社會地位和名聲扯上關係。我們透過所開的車，來尋求自己在社會上成功的證明。我明白還有其他因素會影響我們對車款的選擇，例如懷舊、追求速度感、對最新型自動引擎的熱愛，或是企圖彌補自己內心的某些創傷等等。

然而，我們在選擇車款時，大部分都是出自於虛榮心。統計數字顯示，我們對車輛的使用和花費已不再是為了代步。全美車輛協會指出，二〇一四年的車輛花費平均為八千六百九十八美元。開休旅車的人，則會花到一萬零六百二十四美元之多。

車輛的衍生花費，是家庭中第二大開支項目（僅次於房地產花費），這意味著我們每年的所得，平均有百分之十五都花費在車輛上。新車貸款的平均費用超過兩萬七千美元，而二手車的貸款也高達一萬八千美元。但是，我們還是趨之若鶩地想要買好車。

多年前，我去鳳凰城一個活動做演講，主題是「奉行一生的極簡主義」。活動過後，有個年輕人過來跟我坦承他內心的掙扎。

「約書亞，你剛剛說的我全都同意。事實上，我已經過著極簡的生活了。但我只有一個疑問。我真的很想擁有一輛好車。我是說，只要我能力所及，我真的很想開好車。這想法有什麼不對嗎？」

當他這麼對我說時，我想起企業專欄作家哈維．馬凱在很多場合都曾說過的一句話：「如果你能開得起名貴的車，那麼你選擇開一般車的舉動，就更了不起了。」

現在我再把這句話更昇華：即便你可以花六萬美金買名車，有型有款地到處兜風，還不如花一半的價錢買等級一般，但還是堪用的車，把剩下的三萬元拿來解決實際面的問題。到頭來，其實買三萬的車所獲得的快樂更大，成就感也更持久。

我請這位年輕人試想看看，若是把買名車的錢和時間省下來，是否可以做更多更有價值的事。我不知道他最終的決定如何，但至少撼動了他以往對擁車的態度，而這種改變也是我想鼓勵各位去做的。

畢竟我們生活在二十一世紀，除非住在一個大眾運輸很方便的地點，不然很可能會需要擁有一輛車。我鼓勵各位跟聲譽良好的車商購買設計精良的車款，但你不需要擁有那種被行銷團隊捧得天化亂墜的車。擁有一輛自由暢行、值得信賴，以及可能會對世界有極大好處的車款。

買車時，看似低價購入，但若這個決定能讓你追求更重要的東西的話，這其實會造更高的價值。如此一來，你就能因這個選擇而感到自豪，這跟開名車的那種自豪是完全不同的感受。

買一個避風港

社會上，大家嚮往的車款都遠比自己所需要的還要華麗昂貴，因此，在購屋的時候，也免不了會去買比自己所需還要大上許多的房子。

但會不會住小宅還比較好呢？讓我們好好思考一下這個問題：

人們之所以會買大房子，可能會有以下原因：他們的小屋子已經不堪住了。或是他們開始賺更多錢。也可能是仲介或房東說服他們負擔得起。他們想要引人注意。或是覺得大房子是他們所追尋的「夢幻住所」。

人們之所以會不斷換更大的房子，還有一個原因，那就是沒人告訴他們不要這麼做。社會總是不斷用這句話對我們進行洗腦：買越多、規模越大越好，因為這就是你賺大錢後該做的事。

沒人會同意我們追求更小的規模，也沒有人會認為住小宅會比現在更快樂。但這其實是很有道理的：

● **小宅比較容易維持**

每個買房子的人都知道要維護一個家，需要花費多少的時間和精力。世上的事物都是公平的，一個較小的房子，所需付出的心力也相對較少。

● **小宅比較便宜**

無論是購買或是保養（例如替它買保險、付稅、裝冷暖氣、電費等），小宅都比較不花錢。如此一來，就能把更多錢挪作他用。同時也會有較少的債務、較小的風險，對環境的衝擊較小，同時，也會比較不容易有堆積更多物質的欲望。

●較小的生活空間能夠凝聚家人的感情

一個規模較小的房子會讓家中成員有更多交流和互動。家人聚首不是一件很棒的事嗎？

●小宅比較好賣

這是因為對最大的潛在買家來說，這種房子比較負擔得起。而當你要搬家時，很快地賣出舊屋，就能減輕你一個很大的負擔。當我們家要從佛蒙特州搬到亞利桑那州時，我們必須把舊房子賣掉，改換新屋。這兩個區域的房價有天壤之別，我們能夠晉級換大屋，並且同時降低每月的房租。不過我們從未考慮買更大的房子。相反地，我們還迫不及待搬進小屋裡。

我們的新家還是得維持在一定的標準內。換更小的房子並不是我們唯一的目標。我們的新家必須符合我們這個年輕小家庭的需求，而且還要能推廣我們的價值。我們堅持不變的條件有三間臥房、一間餐廳，一間家庭娛樂室、宜人的戶外空間，以及位處環境良好的學區，建物還要夠精良。

能找到完全符合我們需求的房子，我們簡直高興得快要飛起來了。我們房子的規模縮減了三成。因而減少了近五成的房貸，我們重質不重量（這永遠都是明智的決定）。我們擺脫了那些惱人的房貸負擔，找到一個每個房間每天都能被充分利用的房子，並且愛上這個家中的每個角落。

購屋是相當個人的決定，需要衡量許多因素，我無法在此一一列出。我只知道當你得下決定的時候，那些變項都會影響你的決定。

不過以下是我給你的忠告：**根據你的需求來選擇你的棲身處，而不是聽信那些房地產經紀人說的話，說你絕對負擔得起，不斷說服你換大屋。**做出會帶給你自由，而非造成負擔的決定吧。

我並不是說你非得買間更小的房子不可，我只是認為如果這麼做的話，你可能會更快樂，而我也確信你真的會更快樂。

別輕言放棄

書籍、紙張、小玩意兒、紀念品、車子，還有房子，這些都很典型，是人們最難精簡的區域。在處理到這些東西時，我們總是有看似充分的理由緊抓住這些物品不放。

我們老是想，要是放棄這些東西，那我們是否就放棄了重要的東西？

事實上，要是我們不努力精簡這些區域，那才真的放棄了重要的東西。我們放棄了過自己真正想要的生活的自由。這才是真正的夢想，也才值得我們不惜犧牲一切去實現。

因此，在面對去雜亂時最困難的區域時，我給你的最後忠告是：別放棄。

多年前，我曾一度想放棄撰寫有關極簡主義的文章。當時我經營部落格已有一年了，網站的瀏覽率也不斷成長，但沒什麼好開心的。所以我在二〇〇九年一度停止更新文章。這不只是因為我覺得：「我寫的部落格都沒人看，我不寫了！」而是有其他事物從中阻撓我寫下去。寫部落格這件事被我拋諸腦後，而我也不再特別騰出時間來寫作。

如今，我的部落格成為我生活的一部分，若是沒有聽到二〇〇九年三月份的那則廣播，我的部落格可能會漸漸消失在數位洪流中吧。

當時我正開車去參加一場位於曼徹斯特的會議，我聽到廣播傳來一則消息，內容是有間家具店正在收集舊的舞會洋裝，準備捐給那些買不起洋裝的青少女。

我覺得這個主意真是太天才了。我一想到這些沒有資源的年輕女孩，能夠因此穿上美麗的洋裝參加舞會，內心就感動不已。

所以我立刻上部落格寫了一篇簡短的文章，鼓勵大家捐出他們的舊洋裝。那是我好幾個禮拜以來首次發文。就在文章登出沒多久，一位與我素未謀面，名叫克莉絲汀的女士在底下留言：「回來吧，喬許。」原來她從我開部落格以來，一直都有閱讀我寫的文章，並且從中找到許多靈感，而現在她則鼓勵我繼續這麼做。

她的留言很簡短，總共只有三個字。但卻足以成為我繼續經營極簡主義部落格的動力。我決定堅持下去。而我也很慶幸自己這麼做了，因為我找到了利用寫作和口語來分享極簡主義的喜悅，而這是我天職的一部分。

我知道有時候要奉行極簡主義很困難。打掃家裡不但會耗損體力，同時也很耗費心神。還有許許多多的事物會浮現出來，而你可以輕易地把極簡主義視為生活的第一要務。

然而，要學會人生中最重大的課題，的確是需要付出一些時間和努力，鮮少有人能夠一次做對。

每當你想要放棄時，請好好利用這些原則，堅持下去。如果你沒有逼自己走過艱難的環境，就無法從挫折中學習，也永遠無法徹底激發出自己的潛能。

讓我用簡短的一句話來鼓勵你吧：你做得到的！我知道你可以。我已經見過無數各行各業的人成功走上這條路了。

為了幫助你繼續堅持下去並成功，在接下來的章節中，我想和你分享一些工具，幫助你做出困難的決定：做一項實驗，測量一下你是否能在沒有某樣物品的狀態下生活。

註釋：

1 Leo Babauta，美國知名部落客，轉型為作者後出版多本暢銷書，代表作為《少做一點不會死！》（*The Power of Less*）。

Chapter 8

「少即是多」的極簡生活實驗

Experiments in Living with Less

決定購買汽車之前，你會不會先去試駕？你是否根本不確定自己喜不喜歡某個家用產品，只因為店家承諾不滿意可以退款，所以就先買回家試用了？你的醫生是否曾經開過一些藥，讓你服用一陣子，試試看能否改善症狀？

我猜想你一定有以上的經驗。大多數的人都是如此。有時候，我們還沒確定自己是否完全接受某個東西，卻仍然想要試試看。

換句話說，我們都在做實驗。

實驗是一種強而有力的工具，可以讓你用來發展自己的極簡主義。這個概念很容易明白：如果不確定自己是不是真的想要擺脫某個東西，就在生活裡屏除這個東西一陣子，之後再判斷該物是必需或多餘。

透過實驗，也可以測試看看，究竟自己需要多少東西才能過活。根據經驗，我們會發現自己所需的東西比想像中更少。

對於剛開始嘗試極簡主義的新手，我會鼓勵他們在一段時間之內，試著屏棄某些東西並且正常的過日子。這種實驗可以幫助他們下定決心並且克服難關。然而，極簡主義實驗的用途並不局限於此，還能應用在生活的其他領域。它同時也是一個敏感的測量儀器，用來調整我們的極簡生活方式。

因此，我在本章要分享給各位讀者的，並不只是使用一、兩次來看看是否好用的小工具。極簡主義實驗的重要程度遠遠高過於此。事實上，我甚至認為**極簡主義之所以能夠讓你終生受惠，其基礎就建立在實驗上**。透過不斷實驗，我們才會明白什麼是真正的「滿足」，而我們的生活又還有什麼樣的可能性。

我認識的每位極簡主義者，在各個領域裡，幾乎都會藉由實驗的方式，測驗自己的需求。我會在本章舉出一些例子。倘若你真心想要找到屬於自己的極簡生活，我鼓勵你設計自己的實驗方式。

極簡生活實驗的設計方式很簡單，而且可以根據你的情況進行調整：

實驗：我會在＿＿＿天（或週、月）之內不使用＿＿＿＿＿（物品名稱）

實驗結束時，我會對這項物品下一個結論：

□ 我需要這個東西。

□我不需要這個東西，也能正常過日子。

以上結果是我的決定，我會永遠擺脫這些東西，不再掛念，也或許，我會欣然把這些東西帶回我的生活，也不因此感到後悔。**實驗是堅守極簡主義腳步的最佳工具**。

如何知道實驗有用

我們一家人測試了許多實驗方法。舉例來說，我們曾經在某段時間取消訂閱有線電視，刪除智慧型手機上的應用程式和通知，讓它變成「智障型」手機。

我們甚至嘗試過只留下幾件衣服作為搭配、一個月不吃外食、不再使用洗碗機，把家具、廚具、藝術收藏品和兒童玩具收起來……每次都在測試自己的極限。

經過一次又一次的實驗後，我們發現家裡一切運作順利，甚至比以前更好了，再也沒有排山倒海的龐然雜物把我們壓垮，並且偷走我們的時間和精力。

然而，實驗的結果並非總是這麼樂觀。我們並不是每次都覺得自己應該要徹底擺脫某樣東西。

其中一項讓我們兩難的問題，就是我們到底該不該賣掉家中第二輛車，轉變為「一車家庭」。

小金和我開始思考，如果我們只養一輛車會變得多麼單純，也能夠大幅縮減保養、保險、加油、停車和清潔等支出。因此，從佛蒙特搬到亞利桑那之前，我們把家裡的小休旅車賣給一位朋友，只留下本田雅哥作為家庭交通工具，也期盼新的生活計畫可以順利運作。

回想起來，我們雖然堅持了四個月，但其實實驗才進行兩個禮拜，我們就知道這個想法行不通。由於我與小金各自有工作，兩個小孩還在上學，課餘活動也相當豐富，加上亞利桑那並不是一座以大眾運輸便利而聞名的城市，所以我們家確實適合擁有兩輛汽車。在這次實驗中，想只靠一輛汽車生活，反而加重了生活的負擔與困難，於是我們決定再買第二輛車。

坦白說，我們大多數的極簡生活實驗都很成功，並非上述這般。事實上，我很有自信，假如你能夠遵守這種實驗精神，意外地發現知道自己需要的東西其實非常少，一定會感到相當驚喜。

除此之外，極簡生活實驗也是一次好機會，可以讓你更了解自己，並且開啟一扇門，迎接更單純輕盈的生活風格，裡面更是蘊藏你從未想過的豐富機會。

更重要的是，你再也不必思忖自己到底要不要留下某個物品了。極簡生活實驗可以用近乎科學的準確方式，讓你知道事實。

只要你開始嘗試極簡生活實驗，就會發現什麼是充足的生活。

找到充足的意義

派翠克・羅姆影響了我對「充足」的理解。派翠克與妻子、女兒一起住在明尼蘇達的聖保羅，他是一名作家，非常喜歡蘋果電腦、精品名筆、藝術品、詩集還有精雕細琢的美麗文字。他在作品《充足》裡，就採用了極簡生活實驗的態度來尋找何謂「充足」：

你必須嘗試不同的事物，挑戰既有的認知，擁有更少、嘗試更多，然後慢慢精煉出真正的「充足」。充足來自於擺脫物品減少的恐懼，捨棄擁有更多物品的虛偽安全感。充足，也同時來自於擁有更多之後，再徹底割捨，並且找到真正需要的物品。充足是一門苦差事。

想要達到這個境界，我們必須屏除各種臆測、假設、猜想，還有似是而非，也要克服恐懼、貪吃、自我質疑，還有虛榮的憧憬。我們要問艱難的問題，找出更艱難的答案。

但是，請務必記得，我們必須不斷改變，就像走鋼索的人那樣，時時刻刻因應環境做出細緻的調整。

因此，我們的目標不是找出「充足」的永恆定義，這是不可能的。**我們要找到合適的工具與策略，使我們明白當下的充足是什麼，並且能夠隨著環境而做出彈性調整。**

每個人都要去了解對自己來說怎麼樣才算「充足」，因此，我們必須考慮所有重要的因素。但是，如果我們從來不願尋找，就永遠都找不到。

派翠克所說的「走鋼索的人」，深植在我的腦海裡。你我都是走鋼索的人！大多數的時刻，我們都會偏向過量的那一頭，自己卻毫無感覺，只因為我們太習以為常。極簡生活實驗可以讓我們理解在鐘擺的另一端會是什麼感覺。

我認為，大多數的人都沒有體驗過「物質極簡的生活」（當然有人例外）。唯有體驗「過少」，才能找出適中的平衡。所謂的平衡，不是過多，也不是過少，而是剛剛好。**極簡生活實驗能夠幫助我們找到平衡。**

讓我用鞋子作為簡單的例子吧。一個人要擁有幾雙鞋才夠？大多數的人都不會去思考這個問題。如果你對極簡主義有興趣，可能會說一雙鞋就夠了，但除非你想穿著工作用的鞋子走進花園或籃球場，否則一雙鞋子真的不夠，至少需要兩雙。倘若你想要在週日上教堂或者去其他特殊場合時穿一雙好鞋，那就需要三雙。三雙就夠了？也許夠，也許不夠。

重點是大多數的人從來沒有思考這個問題。相反的，我們買了八、九雙鞋（甚至是二十八雙或二十九雙），全都放在櫥櫃裡。商店舉辦鞋子特賣時，又會以為自己需要另一雙鞋，所以又興高采烈地去買新鞋。

以上例子可以證明為什麼我們一定要重新思考自己的實際需求。

我甚至願意大膽地說，大多數人擁有的東西，早就超過實際需求了。我們在很久以前就已經超越了基礎需求，只是沒有自覺，也永遠不會發現，除非我們可以藉由極簡生活實驗，發現自己實際上需要的東西非常少。

我曾經在先前的章節裡簡短地提到一位非常積極進行極簡生活實驗，想要找到何謂實際需求的朋友。她的名字是寇特妮・卡佛。

三三三計畫

三十七歲的時候，寇特妮・卡佛收到一份人人畏懼的醫療診斷書。她罹患了多發性硬化。她的腦海被無數問題縈繞，但寇特妮可沒那麼容易被打倒。她非常專注於研究多發性硬化的起因、症狀、治療方式和成功對抗的案例。

她很快就發現，壓力會讓多發性硬化更為惡化，而抒壓可以解緩病情。

「我知道壓力不只會惡化多發性硬化症，也會影響其他健康因素，」寇特妮告訴我：「我必須做點什麼來改變現況。壓力可能來自於食物、恐懼、憂慮、事業、人際關係、債務、爭執、環境凌亂以及各種內外因素，我可以控制這些因素。」

寇特妮馬上明白最有效率的消除壓力方法，就是簡化生活。

「我覺得自己值得擁有好東西，因為我很辛苦工作。所以，我曾經以為購物是一種抒壓方式。然而，我環顧家中之後，才開始明白購物只是增加壓力——不只是因為保養跟清理那些高檔物品，還有購買時累積的債務。開始清理物品之後，我越來越冷靜，壓力也越來越少。

我開始思考自己還要擺脫什麼，才能獲得更多平靜。」

寇特妮還說了另一個故事。她有三個放著乾燥太陽花的花瓶，花瓶本身是婚禮時的紀念品。寇特妮把花瓶擺在梳妝檯。一天傍晚，她看著花瓶自問，這些花瓶究竟對我有什麼好處？不過是在這裡惹塵埃罷了。寇特妮沒有先跟丈夫商量，決定把花瓶移出臥室六十天。等到實驗結束的時候，寇特妮發現丈夫根本就不知道花瓶已經不見了，她自己甚至也沒有感受到這回事。於是，寇特妮開始在家裡更多地方進行極簡生活實驗。

為了減少早上起床之後的準備工作，但仍然能夠保持一定程度的時髦，寇特妮發明了一項名為「三三三計畫」的實驗。她以三個月為期限，要求自己只能使用三十三件不同的單品作為衣著打扮，其中包括鞋子與珠寶首飾，但不包括內衣、睡衣和上班需要的衣物。三個月結束之後，寇特妮的衣櫃變得更乾淨、井然有序，裡面只有三十三件衣物——迄今為止，寇特妮都保持相同的習慣。

幾乎所有重要的新聞網都報導了寇特妮的三三三計畫，全球各地成千上萬的民眾，不分男女，也開始奉行寇特妮的極簡生活挑戰。感謝寇特妮的成功示範，許多人（包括我在內）

再也不會因為早上看著擁擠的衣櫥，卻找不到合適的衣物而倍感壓力。我們終於自由了。

寇特妮的實驗還讓我們學到另外一個啟示：**我們不必立刻把東西丟掉**。在實驗中，我們可以先把物品靜置在一旁，之後再決定怎麼處理。寇特妮把花瓶與衣物先收起來，直到她確定自己再也不需要了。我們也可以學習這種方法，把心有疑慮的物品先收起來，之後再決定要怎麼處理。

這種方法不是逃避，而是有效的策略，我稱之為「眼不見為淨」。

你最需要的「眼不見為淨」戰術

剛開始採用極簡主義生活風格時，我與小金，還有小金的一位朋友利茲，曾經討論過相關計畫。我們待在一位共同朋友家裡的後院，享受著新英格蘭地區的夏日黃昏。

我向利茲分享我們家的極簡生活改變，也說起了清理車庫時，聽見鄰居建議我們不需要擁有這麼多東西的故事。我無意間提起家裡還有幾個紙箱，裡面放著多餘的物品，暫時先擺在地下室，直到我們想清楚要怎麼處理。

就在這個時候，利茲問我：「你們是在實現極簡生活，或者只是眼不見為淨？我聽起來，你們好像只是把東西從這個房間，挪到另一個房間而已。」

利茲的問題讓我停下來好好思考了一番。她說的話有些道理：把多餘的東西收起來，根本就不等於「減少自己擁有的東西」。這種方法還算不上極簡生活，我個人對於擺脫東西的想法也過於草率。除非把某些東西徹底丟棄，否則我們還沒有真正的自由。

但是，回顧過去，我仍然認為把多餘的物品放在地下室是一個重要的舉動。我們因此獲得了時間與空間，可以更妥善地決定要「保留」或「丟棄」。

利茲提到「眼不見為淨」的時候，其實是想要挑戰我，但我並沒有反擊，而是欣然接受挑戰。自此以後，我開始推廣眼不見為淨的好處。

幾年前，我在一場活動上演講，主題是邀請觀眾加入極簡主義生活以及擁有更少物品的好處。演講結束之後，一位大約二十五歲的女士來找我，向我傾訴她的故事。

這位年輕的女士擁有大學學位，最近開始替當地一間公司工作，而且擁有工作地點獨立的特權，意思是她不需要到公司上班，可以在世界任何角落做事。她非常喜歡旅遊，也非常想要善用這段人生歲月走訪世界各地。但她說：「我有一個問題。我的公寓裡面全都是東西，很難擺脫。我熱愛旅遊，真的很喜歡。但我要等到自己處理完所有東西之後，才能好好旅行。你能不能助我一臂之力，讓我擁有打造極簡公寓的動力呢？」

聽聞這個問題，我立刻想起與利茲聊天的那個夏日黃昏。於是，我提出了一個建議：「如果真的沒有辦法在今天就丟掉所有物品，不妨試試看眼不見為淨吧！」

我同時建議這位年輕的女士：「不要讓物品妨礙自己追逐夢想。租一間最小的儲藏室，把所有東西放進去，然後去世界各地旅行。我可以保證，六個月之後，當妳回來，打開儲藏室的門，妳不會想念裡面大多數的物品。最後，妳會發現要把這些東西丟掉，變得更簡單了。」

女士接受了我的挑戰，而她已經擁有無可取代的旅遊回憶了。

許多人開始進行這場「去蕪存菁的旅行」時，都會把眼不見為淨當成是權衡之計。

這個概念的實行方法也很簡單。

如果你還沒準備好，無法割捨某樣物品（無論是基於情感因素還是實用價值），可以先把它收進箱子裡，箱子裡也可以放其他相似的物品。

在箱子外面寫上日期，還有箱內物品的簡短描述，接著把箱子放在地下室、閣樓或者衣櫥後面，這些遠離你視線範圍的地方。

幾個月後，你早就已經把那個箱子拋諸腦後了，直到某天才突然想起它。屆時你可能會發現，丟掉裡面的物品變得容易許多，而且還會了解到，自己對這些物品的需求，根本不如你原先的想像。

除此之外，你還會發現自己對物品的情感需求已大幅減少。物品不是人，我們不會因為物品消失了，就更喜歡那個物品。

如果你能夠接受眼不見為淨，就應該善加利用。我的朋友萊恩．尼可迪馬斯的例子，可以證明這個戰術的用途。

打包派對

萊恩．尼可迪馬斯的工作職稱非常稱頭，收入很好，擁有一間大公寓，還養了一隻貓。

萊恩曾說：「我擁有自己想要一切，我『理應』擁有的一切……我跟我的貓咪正在實現美國夢。」

萊恩還會說，雖然表面看起來很好，但他總覺得少了什麼。

「我賺了很多錢」，他說：「我也欠了一堆債……追逐美國夢要付出的代價不只是錢，我的生活充滿壓力、焦慮和不滿。表面上看起來我或許很成功，但其實很可悲，而且我一點都不覺得自己成功。我已經不知道什麼才是重要的……」

萊恩二十五年來的好友約書亞．費爾德斯．彌爾本在清理母親遺物時，發現了極簡主義的意義，而萊恩卻毫不知情。母親辭世與離婚，這場生命危機鼓勵了約書亞重新尋找最重要的東西。約書亞用好幾個月的時間，丟棄了母親的遺物，同時捨除生命裡不需要的東西。

週間的午餐聚會，約書亞鼓勵萊恩思考擁有「更少東西」的可能性。約書亞提出了一個承諾：**「一旦清除雜亂，你一定會找到空間，知道什麼才是真正重要的。」**

萊恩也同意要試試看。萊恩的極簡主義方法非常獨特，簡直前所未聞……

萊恩與約書亞舉行了「打包派對」。

他們兩人用了九個小時，把萊恩的三房公寓裡的所有東西裝入箱子裡。我說的「所有東西」，真的是指「所有東西」，包括廚房、餐廳、客廳、家庭房、三間臥室、衣櫥還有充滿垃圾的抽屜。他們甚至用布蓋住了家具。

萊恩的極簡生活挑戰很簡單，全部的物品都打包好以後，他只把需要的東西從箱子裡面拿出來。

兩個星期結束之後，萊恩很驚訝地發現放在箱子裡的東西仍然很多——不需要或者鮮少用到的東西，都還在箱子裡。萊恩因此審慎地重新評估自己的需求與生活。

經過幾個星期的實驗之後，萊恩用這句話總結自己的發現：「你曾經停下腳步，好好思考自己的觀念是從哪裡來的嗎？我們相信自己需要買一間房子，生下兩個小孩並且擁有兩輛車，才能實現美國夢。我不知道自己的觀念從何而來，但我已經開始重新思考了。房子、物品還有箱子裡的東西，根本不如想像中來得重要。我打包了很多物品，我曾經發自內心地相信自己需要那些東西。但是，結果就是東西還在箱子裡，原封不動，根本沒人使用。」

讀者朋友不需要做到萊恩等級的「眼不見為淨」，更無須打包所有物品。但請別遲疑，立刻著手打包吧！收拾生活裡用不到的東西。「眼不見為淨」是極簡生活實驗的過渡區，讓你擺脫自己不需要的物品，並且改善生活。

自由只需二十九天

誠如讀者所見，有很多方法可以創造你的極簡生活實驗。讓我提供一個建議：二十九。我和小金進行極簡生活實驗，想要弄清楚什麼東西不是生活必需品的時候，也經常以二十九天為期限。為什麼呢？因為二十九天是一段可以妥善管理的時間。二十九天不是一個月，就像九．九九美元的特價不是十美元。九．九九美元看起來更吸引人。然而，二十九天的時間很充裕，足以讓我們在大多數的情況，決定自己想不想保留某個物品。

利茲所言不假，我們不想把東西裝在紙箱裡，永遠擺在地下室就好。如果我們以後用不到這些東西，最好還是快點送到收取愛心捐贈的碼頭。我們需要一段明確的期限，二十九天聽起來很棒。

二十九天這個數字有什麼魔力嗎？當然沒有，但如果這個數字可以讓你定義、管理並且確實完成自己的極簡生活實驗，它就有神奇的魔力！

倘若你能夠暫時脫離某個東西，快樂生活二十九天，沒有它，你還是可以快樂生活。

因此……

無論你想擺脫什麼東西……

無論東西的數量，或者只是想擺脫某個物品的一小部分，只要你想要擺脫，或者練習自制……

無論你要進行極簡生活實驗多久……

準確設定目標，在日曆上標記日期，開始動手做。

如果需要一些務實的建議，以下是我的想法。

●衣服

大多數人的衣櫥裡全都是已經不穿，甚至不喜歡的衣服。這些衣服留著只是徒占空間而已。因此，如果你想要開始認真品嚐極簡生活，衣櫥是很好的重點。假如只剩下一半的衣服，甚至四分之一，你的生活還過得去嗎？我認為一定可以。如果衣櫃裡面只剩下自己最喜歡的衣服，生活一定會變得更輕鬆。

寇特妮在三個月時間之內，只用三十三件衣物作為搭配。你可以試試看她的方法。

或者，你也可以嘗試「魔術數字二十九」法則。

極簡生活實驗：我會從衣櫥裡拿出二十九件衣服，並且在二十九天之內，都不穿這些衣服。

●裝飾品

如果你跟一般人差不多，家中擁有許多沒什麼實質價值的裝飾品，只是剛好用來搭配家中的顏色主題，或者趁著特價時購入。不幸的是，這些無意義的裝飾品，其實會讓你和客人分心，無法凸顯你的個人價值，也無法紀念你個人的生活經歷。

請你抽空好好在家裡走一走，仔細觀察，丟掉無法使你生活增色的雜亂物品。家裡可以變得更簡潔，並且更著重你的家庭故事，你也會更喜歡。

極簡生活實驗：我會拿走二十九件裝飾品（或者二十九％的裝飾品），並且在二十九天之內，都不擺設這些東西。

•玩具

聽見父母抱怨孩子的玩具太多，我總是想要反問：「你怎麼會有這種想法？小孩子不會自己跑去買玩具。如果你的小孩有太多玩具，這應該歸咎於你才對。」當然，我並沒有脫口而出，只是在心裡想。

我還是認為應該要減少小孩的玩具數量。小孩可以因此更有創造力，培養更持久的專注力，並且更尊重自己的玩具。

你也許會認為丟掉小孩用不到的玩具之前，必須與小孩商量，但他們可能在幾個星期之後，早就忘了老舊而不再受青睞的玩具。但是，你一定不會忘記，因為你再也不用花時間收拾玩具了！

極簡生活實驗：我會拿走二十九％的玩具，並且在未來的二十九天之內，記錄孩子曾經詢問哪些玩具的下落。

• 廚房用品

廚房的儲存空間似乎永遠不夠。但是，我們的祖母那一代更常下廚，廚藝也更好，甚至勝過於現代人的手藝，但她們用的廚房更小而且設備更少。

關於廚藝，你必須知道的真相是「越單純越好」。我們的廚房用品數量其實遠遠多過於我們的真實需求。請你試試看把二十九件廚房用品收在塑膠盒子裡面二十九天。下一次煮飯時，你可能會非常喜歡嶄新簡潔的廚房環境。

極簡生活實驗：我會把二十九件廚房用品收起來，並且在未來的二十九天之內不使用它們。

• 家具

處理大型家具需要付出相當多的力氣，但如果你想要挑戰一下，從房間裡移除多餘的家具，可以立刻創造相當可觀的家庭空間與氛圍。乏人問津的家具比你想像的更占空間。

家具實驗當然需要額外的空間擺放暫時用不到的家具，但這個方法可以解決家中最重要的擁擠情況，立刻創造顯著的不同。

極簡生活實驗：我會從家裡的所有房間各自移出一件家具，並且把家具放入儲藏空間裡二十九天。

在極簡生活實驗的二十九天期限裡，請不要把時間用來思考你還能購入多少東西。用這些時間，決定有多少東西不是生活必需品，如此一來，才能真正改善你的生活品質。

極簡生活的皇家實驗者

根據聖經記載，以色列的所羅門王，其累積的財富足以傲視當時任何一位統治者。其他國家每年會向所羅門王進貢將近二十五公噸的黃金。假設一盎司的黃金價格是一千美元，所羅門王每年的收入高達八億美元，這個數字還不包含稅賦與商業收入。

因此，所羅門王可說是名符其實的日進斗金，但他也同樣揮霍無度。所羅門是「極簡生活實驗」的反面教材。他要的不是「用更少東西生活」，而是「如何擁有更多」。他常說：「來吧，讓我們愉悅地尋找好東西。」

以下就是所羅門王對「最大生活」的摘要說明：

我正在進行偉大的創造計畫。我替自己蓋了很多房子與庭院，在花園與公園裡種植所有品種的果樹。我用儲水器來灌溉生長茂盛的小樹叢。我買了男奴與女奴，讓他們在我家裡生下更多奴隸。我擁有全耶路撒冷最多的家禽。我蒐集白銀與黃金，其他國王向我繳納金銀財寶。我買了男歌手與女歌手，當然也坐擁美麗的後宮佳麗——這才是男人的快樂。我是耶路撒冷最偉大的人。

所羅門王把這場實驗推到極限，甚至還說：「眼睛看得見的東西，我全都想要。」所羅門王的實驗結果如何呢？到了生命的末年，所羅門王在日記裡寫下這些文字，你幾乎可以親耳聽見他難掩失望的聲音：

我環顧自己的所作所為，
還有辛苦完成的成就，
才發現一切都沒有意義，只是在追逐一陣風。

徒勞，這就是所羅門王的發現。

我認為更有趣的重點在於所羅門王的作為其實與大多數的現代人相同（但現代人的生活規模較小）。現代人竭盡所能花錢，最後還是會品嚐夢想的幻滅與徒勞，就像以色列最富有的所羅門王。

我們應該要好好警惕自己。我們的方向與所羅門王不一樣，我們要追求極簡生活。只要找到生活的必需品，堅持初衷，我們的生活一定能夠擁有足夠的空間，才能容納富裕的所羅門王費盡一生也找不到的幸福與滿足。

永遠不會壞掉的好工具

經常有人問我：「如何區分『我需要的』跟『我想要的』？」

我的回答始終如一：「如果你試著不用某個東西生活一陣子，就會知道箇中差異了。」

現在，你已經知道如何設計極簡生活實驗，得以判斷可以放棄什麼，又應該保留什麼。

假如你已經成家，那麼，在家人允許的情況下，與他們一起進行極簡生活實驗吧。

Chapter 9

維持極簡生活

Maintenance Program

如果你一直遵守書中的建議，並且已經從最簡單的地方著手進行極簡生活計畫——除去家中多餘而且完全不必要的物品。接著，你會開始面對較為棘手的家庭區域，並且有計畫地處理每個房間。在這個過程中，你也會做實驗，先暫時擺脫某項物品，之後再決定自己需不需要它。

最後，你的東西會降低到最少數量，而這個正確的數量可以最大化生活的重要價值。這樣的結果真的很好，但你應該如何堅持下去？怎麼做，才能避免家裡再堆滿雜物？我提供你一個答案：**立刻開始養成有助於你維持極簡生活的習慣**。

如果一個人想要改掉壞習慣，睿智的建議通常不只是戒除帶來傷害的惡習，還要用截然不同的好習慣來取代壞習慣。舉例來說，戒菸的人通常會開始嚼口香糖。如果他們不用口香糖取代抽菸，很有可能會功虧一簣，再度對尼古丁上癮。

遇缺就一定會自然而然地填補，這是自然定律，而人類的本性似乎也是如此。

倘若你不希望家裡好不容易騰出空間之後，自己卻惡習不改，又買東西放回去，那就得開始建立維持極簡生活的方法。這麼做不只可以讓你保持初衷，還能使你堅持下去。這就像是減肥的人一旦降到理想體重之後，也會建立一套維持方法，繼續保持良好的生活方式。

我向每一位想要保持良好極簡生活的讀者朋友提出五個建議，可以讓你：

- 建立良好的每日與每週生活習慣，保持家庭的整潔如新。
- 確保自己不會被店家洗腦。
- 有效利用休閒時間。
- 妥善處理聖誕節、生日與其他送禮的日子。
- 用不同的角度看待我們已經擁有的物品。

我會從十個最簡單但最有用的實踐方法開始，你可以將這些方法整合到自己的日常生活中，讓家裡成為寧靜有序的避風港。我家就是定期使用這些方法，我保證它們一定有效。

消滅雜亂

有些人因為家中的雜亂物品而開始仰賴收納箱與其他整理工具。我在第二章討論過一些錯誤的觀念，這種誤解非常相似，以為整理物品就能夠解決核心問題。這些人認為，只要清理雜亂的環境，把物品歸位，就能妥善處理家中的環境問題。

但是，整理物品根本沒有辦法解決家庭環境造成的負擔。我們必須採用極簡生活——確實減少家中的物品數量，才能去蕪存菁。

然而，一旦家庭環境按照你的期待極簡化之後，整理物品反而可以保持良好的極簡生活風格。

祕訣在於把整理物品整合到日常生活的步調裡，杜絕雜亂堆積再度出現的可能性。你會開始發現，整理物品變得非常輕鬆，不會造成負擔。畢竟，假如你已經完成了家庭環境極簡化，不需要丟掉其他東西。所有的物品都有存在價值和歸屬。

- **每天整理床鋪**

雜亂會蔓延，臥室就是最好的例證。床通常是臥室的重點，如果睡醒之後不整理床鋪，周遭很容易變得雜亂。整理臥室的第一步，也是最重要的一步，就是整理床鋪。消滅雜亂的日常生活第一步，也是最重要的一步，就是每天早上整理床鋪。

- **用餐後立刻洗碗**

手洗有時會比用洗碗機更快。這個洗滌原則適用於杯子、早餐和晚餐使用的碗盤，以及銀製餐具。如果用餐之後立刻洗滌，幾乎不會占用什麼時間。假如真的沒有辦法立刻手洗，用餐完畢之後，一定要馬上將餐具放入洗碗機。沒有人喜歡走進廚房時，發現餐盤堆積在洗手檯或流理檯，這樣也會減少用餐的樂趣。

- **每天要把資源回收與垃圾丟好丟滿**

善用收垃圾與資源回收的日子，把垃圾桶與資源回收箱裝滿。收拾閣樓的垃圾、玩具房裡壞掉的玩具，清理打翻的食物或者辦公室的廢棄文件，有什麼就收什麼，再把打包好的垃圾丟到集中垃圾桶。你很快就會領略其中要領，甚至很期待收垃圾的日子（好吧，我可能太誇張了）。

- **衣帽架永遠都要預留一些空間**

外套、鞋子和外出服之所以會散落在家中各處不是沒有原因。衣帽架過於擁擠，所以收納變得相當困難。務必保持衣帽架附近的整齊，衣帽架本身也要留有空間，家人的衣櫃也是同樣的道理，才能夠迅速收拾或拿取衣物。

●保持檯面和桌面整齊

廚房流理檯、浴室洗手檯、臥室梳妝檯、茶几桌面和書桌都很容易自然而然地累積雜亂物品。收拾小型廚房用品、桌面上的零錢、整理各式收據發票、整齊收納盥洗用品，務必注意而且隨時都要保持家中所有檯面與桌面的整齊。

●只需要一到兩分鐘的小工作，一定要立刻做完

一時懶散與拖延往往是造成家中雜亂堆積的兇手，例如太晚下定決心或者遺留一些小工作。讀者可以用一個簡單的原則克服處理家務清潔時的惰性：如果一件事情只需要一到兩分鐘，就要立刻完成。丟垃圾、洗茶杯、整理遙控器或者把髒衣服放進洗衣籃。完成一件小工作，就可以預防雜亂堆積的發生。

●讀完報章雜誌之後，立刻處理

讀到一篇很棒的食譜嗎？立刻整理或剪貼，存放到你的食譜資料夾，隨後立刻回收報章雜誌。看到一篇文章很不錯，你的先生會非常喜歡，同樣剪貼下來之後，回收用不到的部分。看到很棒的折價券？剪下來，剩下的報紙要立刻回收。累積報章雜誌一點用處都沒有，只會造成房間的擁擠堆積。

● 立刻把垃圾郵件放進資源回收桶

小心注意如潮水般襲來的垃圾郵件。在郵箱附近放好資源回收桶，可以立刻處理，不要把垃圾郵件放在家中任何一張桌面上。除此之外，還有另外一個好處，因為你接觸的廣告垃圾郵件越少，所以不容易被影響而購買物品。

● 立刻處理衣物

從前，我也是「衣服丟到地板上」的類型。現在我只要脫下衣服，就會立刻分類處理。髒衣服丟進洗衣籃，乾淨的衣服掛回去，或者折好放進抽屜裡，就這麼簡單。

● 晚上要把東西歸位

要求孩子在睡前把玩具歸位，而你也要盡責放好自己的物品。只需環顧家中，收拾尚未歸位的物品並且放回去就行了。每天晚上都要做到，不能偷懶，這個習慣會讓你以後可以在清爽、乾淨而整齊的家庭環境裡開始每一天的生活。

讓荷包休息一下

莎拉．派克一直都有財務問題。她擁有長春藤名校的建築學碩士學位，只有社會新鮮人的薪資，卻住在舊金山的高房租公寓，每個月月底總是阮囊羞澀。

莎拉也因為自己與朋友在這個著重衣衫門面的社會裡，每個月都要花費高額治裝費而非常苦惱。

「仔細想想，」莎拉對我說：「花四百美元買一件登上時尚雜誌封面的衣服，最後累積的金額非常驚人。如果有個人每天都想穿新衣服，一個月就要花一萬兩千美元。你可能覺得我在說笑，但我真的知道有些人光是買衣服就積欠兩萬到三萬美元的卡債。女性要承受非常巨大的審美壓力。」

因此，莎拉從今年開始，努力清理衣櫃，只留下幾件鍾愛的衣物。她把成袋衣物，以及沒穿過幾次，以後也不會再穿的鞋子送給慈善機構，次數已經超過二十次。

這還不止呢，同時，她也決定一整年不買新衣服。莎拉的作法並非第八章提到的「極簡生活實驗」。她早已下定決心，自己可以一整年不需要新衣服。莎拉決定徹底切斷過度購衣的壞習慣，並且建立更健康、更負責的良好購物習慣。

不買衣服這件事徹底改變了莎拉的世界觀，使她追求極簡生活的決心更加堅定。「光是拒絕購買新衣服。」莎拉說：「我就能覺得自己擁有力量。我主導自己的生活，用我希望的方式過生活。我已經不是月光族了，每個月月底都有剩餘的金錢。我重獲自由，可以把金錢跟時間用於生活真正的需求。我也有時間陪伴朋友和運動，這兩者都是我非常熱愛的事物。」

莎拉的十二個月「停止購衣」計畫完全改變了她對生命重要事物的想法。我也認識採用禁止購物方法達到同樣效果的朋友。舉例來說，凱蒂．沃克．史丹利決定不買任何新東西（除了內衣與消耗品之外），截至目前為止，她已經維持這種生活方式超過八年。

阿斯亞．巴雷特在兩百天內沒有添購任何物品。凱特．法蘭德斯則是在一整年之內沒有買任何東西，只買了生活必須品與消耗品，甚至連咖啡都不買。

提到食品，傑夫．雪納巴格與太太決定不買任何食物，只吃家裡現有的食品，結果他們七個禮拜之後才需要購買食品。這些人都徹底改變購買日用品的方式。

我在美國各地演講時才發現，自我購物限制已經非常普及，甚至可說是一股潮流。所有人都會試試看在一段時間之內不買東西，藉此整理自己的購物習慣。

我也鼓勵讀者這麼做，經由限制購物重新找回自由。在短期內，這種作法可以打破購買多餘物品的惡性循環，並且替未來的極簡生活奠下成功的基礎。

為了避免鋪張浪費與擁擠雜亂，還有另外一個非常簡單的生活改變，可以立刻帶來極大的好處。事實上，我遇到的所有朋友都會推薦這個方法——那就是少看電視。

打破催眠魔咒

電視就像小說人物獨眼史文嘉利[1]的催眠魔咒，能夠讓觀眾做任何事情。

電視持續播放廣告，沒完沒了地說服觀眾購買他們根本不需要的東西。許多電視節目渲染美化了財富與奢華的生活風格。

其他的媒體，例如網路廣告，也在不停誘惑我們過度消費。但是，沒有任何東西能夠與電視相提並論。電視推動了本書第四章討論的消費主義，程度堪比毒藥。

我們把電視買回家，而電視就像一雙永遠盯著我們不放的眼睛，我們只能想辦法避開。容我重申一個原則：極簡主義不代表放棄一切。請放下戒心，我想提倡的是「少看電視」，不是完全不看。我知道有些電視節目具備教育意義，而且電視娛樂本身不盡然毫無用處。我們家也還有一臺電視，全家人偶爾會一起同樂。但我本人確實很少看電視，我認為讀者也應該如此。我們有很多方法可以做到。

下定決心聽起來似乎比較簡單，例如「我從今天開始再也不看電視」。但我認為一開始先排除不影響生活的電視節目會更輕鬆。一旦我們體認到這種生活方式的好處，想要更進一步也會比較容易。

讀者不妨從今天開始做起，先列出一些完全不會影響生活的電視節目。或者，你也可以嘗試更好的方法，例如列出你非常想看的節目，一到兩個左右，在未來二十九天之內，只能看這些節目。

下一個步驟是限制家裡的電視機數量。我們家奉行極簡主義之前，曾經有四臺電視機，但現在絕對不會超過一臺。我把電視機拿出廚房之後，才了解自己多麼喜歡下廚。臥室沒有電視之後，我終於想起自己曾經多麼享受……（我太太堅持要我刪掉後面的內容）。

你可能必須獨自進行電視限制行動。家人也許還沒準備好減少看電視的時間，甚至不覺得自己需要迎接這份挑戰。這也無妨，你可以先改變自己的生活。讓我改寫甘地的話：如果你想看見家人變得更好，你要先以身作則。

請你相信我，隨著時間過去，事情會變得越來越容易。電視的本質是自我宣傳。電視節目光明正大地宣稱自己是「最棒的新節目」、「最多人觀看的電視網」、「不容錯過的影集」、「年度重大賽事」等，用來增加收視率。電視的宣傳手法是操弄觀眾擔心「錯過」的恐懼心態，不停強調「所有人都在看這個節目！」但是，只要你願意減少收看電視的時間，就能夠減少受到操控的程度，因為你接觸操控手法的機會更少了。少看電視之後，你也會發現自己根本沒有錯過什麼。

少看電視可能是改善生活的最快捷徑。

重拾送禮的理智

送禮是很美好的傳統，可以傳遞歡樂與創造回憶，還能夠凝聚情感。我非常尊重這個禮節，不想剝奪其樂趣。我個人也很喜歡收到禮物。但是，讀者朋友可曾想過，社會變得富足之後，我們是不是送了太多禮物？

讓我們思考一下整年收送的禮物。每逢美國傳統的光明節與聖誕節，消費者平均花費八百美元購買禮物。除此之外，我們會在生日時收到好幾份禮物。一年裡還有更多送禮的機會，例如情人節、復活節、母親節、父親節、甚至祖父節等等。別忘了特殊日子，例如結婚紀念日、慶祝生子、新居落成派對、畢業、大病初癒或手術成功的慶祝派對、感謝派對、小孩受洗或猶太成年禮等。

只要商人能夠找出送禮的正當理由，肯定會大肆宣傳一番。宣傳行銷無所不在，足以讓我們這些極簡主義者高舉雙手哭喊：「夠了！停止這種瘋狂的行為！」

我們又應該做什麼，才能避免收到自己不想要的禮物，杜絕極簡主義生活裡出現堆積雜亂呢？這樣的技巧當然複雜，因為我們必須考慮贈禮者的心情。但我仍然相信可以建立堅定的原則，妥善管理我們想要的禮物種類與數量。

● 趁早讓朋友知道你想要收到什麼禮物

一般來說，贈禮者也會希望自己送的禮物符合對方的喜好與生活風格，雖然不見得一定如此。因此，你可以製作自己想要的禮物清單，在假日、生日和節日之前，將清單交給親朋好友，就能夠有效限制禮物造成的堆積。你的禮物清單種類範圍要廣泛，價格也要有低有高。請你記得遵守以下原則：**質量勝過於數量、需求大過於渴望、實用價值高於金錢價格。**

● 要求朋友捐贈到慈善機構

人都會想要透過送禮這種實際的方式，表達自己的友愛。但這不代表他們一定要買東西送到你家。現在也很流行要求朋友捐贈到慈善機構，藉此取代實際的禮物。如果你還沒有這種經驗，我推薦你試試看。朋友原本會花錢買一件你根本不穿的毛衣，經由捐贈到慈善機構，這筆錢最後變成獎學金，因而改善了貧困國家小孩的生活，這種感覺真的很棒。

● 對家人保持耐心

假如你才剛開始追求極簡生活，切莫期待家人可以完全理解。如果你過去經常改變生活方式，更不應該要求家人。家人最後一定可以明白極簡生活是你未來的長期目標，他們的贈禮習慣也會隨之改變。

● 不要有罪惡感

你和家人可能需要一些時間，才能夠弄清楚什麼禮物可以增添家庭價值，哪些東西又只會造成雜亂堆積。小孩子或許要用好幾個月的時間了解哪些玩具只是一時興起，哪些玩具又是他的真愛。請你務必耐心等待。一旦你知道自己喜歡哪些禮物之後，立刻處理掉自己不想要的東西，不要有任何罪惡感。如果其他人需要你想處理掉的東西，千萬不要猶豫，立刻送出去。不要擔心當初送你這份禮物的朋友發現。假如朋友知道了，他也應該明白轉贈是你的權利，因為當初他送禮時並沒有附加任何不可轉讓的限制條件。

● 體貼一點

你希望朋友能夠按照你的意願、偏好來送禮。那麼，你送朋友禮物時，也應該貼心一點。

你喜歡實用性高的禮物，不代表你的兄弟、姊妹或母親也有同樣的標準。如果他們想要一雙新的鞋子，請你務必考慮送鞋子；如果他們清楚表達自己想要百貨公司的禮券作為生日禮物，你也應該認真看待。送禮是表達愛與感激的機會，就算你想對抗消費主義，也不應該犧牲別人的感受。

生活有紀律就是一種樂趣

想要重新調整生活，降低雜亂堆積並且持續保持，我們必須用發自內心的感激，珍惜眼前擁有的一切，拒絕社會文化所孕育的貪婪。

心懷感激，不代表你必須擁有很多。我在世界各個國家演講，目睹許多窮人的生活。以美國人的眼光來看，許多人的生活貧困到無法想像的地步。然而，我仍然可以在最貧困的地區裡，遇見心懷感激並且滿足眼前生活的朋友。

造訪聖薩爾瓦多時，我到路希拉家中作客。路希拉的家只有一個房間，她與兩個女兒住在一起。大女兒十五歲，小女兒十三歲。她們家徒四壁，後院六隻母雞生下的雞蛋是唯一的收入來源。但是，她們的熱情與慷慨，讓我心懷感激。

人人都做得到感恩。**無論環境條件，我們每天都能夠選擇當一個心懷感激的人。**

我明白有些現實生活的條件，能夠讓某些人更能夠輕而易舉地心懷感激。家庭溫暖、酒足飯飽、小孩成績優秀，每一件事情都符合自己的期待，當然能夠滿懷感恩之心。有些時候，我們卻做不到。生命若是捲起一陣風暴，我們當然難以保持樂觀的心情。然而，越是艱困的時刻，我們越是需要心懷感激。感激所帶來的力量、樂觀和希望，能夠帶領我們衝破困境。

因此，感激不是一種情緒反應，感激應該是我們內心的習慣。我們能夠藉由處處留心和嚴守紀律，孕育自己的感激心態，會大有益處。

環境條件良好時，我們要練習感激；環境如果變得困難，我們更需要練習。我們越是努力練習，就越是能夠在情況需要的時候，懷抱著感激之情。

你知道嗎？心懷感激甚至可以改善我們的生活。許多科學研究已經證實，越是心懷感激的人，生活越是快樂。「感激能夠讓人感受更積極正面的情緒，增添另人生更豐富的愉快經驗、促進健康、能夠面對困境並且建立強壯的人際情感關係。」除此之外，懷抱高度感激之情的人，通常擁有平均以上的物質生活水準。

感激是一種紀律，而不是情緒。讀者應該努力養成「懷抱感激之情」的生活習慣。以下這些想法有助於你培養新的核心紀律：

- 尋找單純的快樂，並且心懷感激。
- 重新回憶過去發生的好事（如果你眼前的生活陷入一陣風暴，更要如此）。
- 每天撥出時間，在日記裡寫下自己感恩的人事物。
- 在生活裡的小空檔表達自己的感激（例如等紅燈或排隊）。

懷抱感激之情，讓我們能夠更為理解自己在這個世界的位置。我們會因此知道要向誰表達讚美。我們會知道要如何跳脫眼前的環境，專注在自己擁有的美好事物。心懷感激甚至能夠改善我們生活的每一層面，並且帶來更真實的滿足感。

減少需要

減少物品很好，但減少需求更好。讀者應該要了解這個道理。

順利擺脫「想要更多東西」的心情，不再受到控制，那種感覺真的很棒！消費主義就像「綠野仙蹤」舞臺劇的演員，它要我們「不要注意舞臺簾幕後的人」。但是，我們已經看到簾幕後的真相，也明白物質主義的謊言。

沒有物質主義，我們會過得更好。我們已經下定決心要追求極簡生活，沒有任何人可以讓我們回頭。

我們也養成了極簡生活的新價值與新習慣：

- 每天都要把家裡整理得整潔如新。
- 執行自己的禁止購物實驗計畫。
- 少看電視。
- 仔細處理送禮行為。
- 將心懷感激視為一種紀律。

這五個簡單的方法能夠用來養成新習慣，並且戒除讓你不堪重負的壞習慣。我建議你全部嘗試看看，也不要忘了你自己想出來的方法，讓極簡生活不再只是實驗，而是真正的生活方式。

如果你與家人同住，要讓極簡生活徹底扎根，還有一個額外的必要步驟：你要學會如何與家人攜手踏上追求極簡生活的旅程，讓他們愛上「擁有更少」的感覺。

我接下來就要教你怎麼做！

註釋：

1 Svengali，是英國小說家莫里耶（George Du Maurier）經典小說《崔爾比》裡的人物。史文嘉利用催眠術控制了崔爾比。

Chapter 10

極簡生活家庭

The Minimalist Family

我在進行極簡生活團體教學時，很喜歡讓剛開始理解極簡生活，或是最近才轉換生活方式的新手朋友提問。我也有足夠的經驗，知道他們會提出什麼樣的問題。他們最渴望知道的問題，通常都與家人有關，例如他們會對我這麼說：

「約書亞，你成功說服我了。我想要嘗試過過看極簡生活，但我的妻子（或先生）不願意丟掉一大堆東西。我自己一個人過極簡生活根本沒有意義。我該怎麼說服我的伴侶？」

「我們家裡有小孩。他們根本就不願意了解什麼叫作『極簡主義』，只知道自己想要很多新玩具。如果我試圖拿走一些玩具，彷彿馬上可以聽見他們的尖叫聲。你能夠幫幫我嗎？」

「我女兒快要十七歲了。她很喜歡打扮，其他青少年會有的東西，她都有。如果我讓她變得與其他高中生不一樣，會不會太殘忍？除此之外，她已經十七歲，現在才開始學習極簡生活，會不會太晚？畢竟她再過幾年就會離家讀大學了。」

你是否也有以上這些困擾？

如果你已經成家，我明白你心裡的焦急，想要讓家人一致認同這個理念，齊心追求更簡單的生活風格。就算你還沒成家，只是在心裡期待某一天會擁有自己的家庭，本章內容也一定幫得上忙。

多年來，我協助了許多跟你有相同困擾的家庭。他們就像你的家庭一樣，所以我能夠向你打包票，絕對可以把家人一起帶入極簡生活裡。

你的家人不只會贊同「擁有更少」的生活方式，更會因生活的改變而感到開心。這麼做或許會花點時間，但這段過程就是要教育你的家庭成員，彼此敞開心胸交換意見，一起追求極簡主義生活，逐步採行實際的方法。關於極簡家庭生活，無論你對於伴侶、年幼的小孩或成年孩子的擔憂是什麼，我都會在這章裡告訴你如何處理。

親身經歷這段過程之後，我本人對此的想法，或許是你從來沒有想過的：**與家人分享極簡主義，其實是愛的表現！**

你會發現，極簡主義可以讓你重獲自由與人生，而你的伴侶和孩子也會有同樣的體驗。他們的壓力會減少、變得更滿足，還能有更好的條件，可以放手追求夢想。這不就是你希望給他們的嗎？極簡主義是你可以給家人最好的禮物。

不要因為挑戰而氣餒。請你感受愛的鼓勵，從現在立刻開始，送給家人一份禮物，讓他們迎接更單純且更能實現生命意義的生活方式吧！

極簡生活伴侶

採行極簡生活風格的人，通常會遇到一些質疑的聲音，這些人可能會是你的朋友、同事或家長。這些質疑者通常也是你生活上最重要的支持者，那麼面對他們的質疑，到底該怎麼做？如果你的伴侶不支持你的新生活方式，又該如何是好？住在一起會讓事情變得更複雜。畢竟，你們不只分享生活空間，也共同擁有許多物品。

第一步就是好好與他們談談。向對方解釋什麼是極簡生活，你又為什麼受到極簡生活的吸引，甚至可以把這本書分享給對方，向對方描述極簡生活能夠替你們帶來什麼好處。

請務必解釋清楚，你之所以想要追求極簡主義生活，不是為了抨擊或批評另一半，而是因為你愛對方，並且認為極簡主義可以給你們帶來許多益處。接著，你必須仔細聆聽伴侶表達的回應。

謹慎選擇進行這場對話的時機與方式。我們想要討論家中的堆積雜亂，通常都是因為出自於不滿，導致用語聽起來就像是在攻擊伴侶。如果你是因為衣櫃堆太多東西，導致抽屜關不起來，那麼這種時候就不適合討論。

反之，你應該在與伴侶一起安靜地喝咖啡，或者外出吃晚飯時，提起你正在學習極簡生活，而極簡生活又能對家庭帶來哪些良好的影響。切記，要將焦點放在極簡生活可以帶來的正面影響。

除此之外，也請僅記，與家人討論極簡家庭生活絕對不會只是一場對話而已。我們要溝通很多次。因此，就算伴侶一開始不願配合，你也要繼續對話，並且保持冷靜和理性。等到消除誤解與歧異之後，或許對方就會開始理解你心中的願景。

同時，你不可以在未經伴侶的同意之下，丟棄對方的物品。**應該先從自己的物品開始，不可擅自處理共同生活區域**。丟棄你的多餘物品，就能夠消除相當可觀的雜亂堆積，也許效果會讓你大感驚訝。

請專注於處理自己的多餘物品。這可不是因為伴侶尚不願意配合所採行的折衷方法。

相反的，這種作法可以讓你的伴侶看見極簡主義的好處。做而言不如起而行，你讓生活變得簡潔乾淨，沒有堆積雜亂，這些好處本身就能發揮說服作用。簡潔乾淨的衣櫃比你費盡唇舌解釋八十／二十法則更有說服力。你的伴侶放東西的時候，看見整齊如新而且毫無堆積壓力的桌面或床頭櫃，就會發現極簡生活的魅力。

以身作則是很好的工具，千萬不要小看這點。我們經常忘了以身作則的正面效果，才會認為強行要求伴侶是比較好的作法。請你保持耐心，堅持極簡生活，可能就會得到好的回應。一位女士曾說，她花了五年，才讓先生決定跟上腳步，一起追求極簡生活的益處。以身作則沒有捷徑，只能日復一日堅持下去。

隨著時間過去，針對某些空間，你的伴侶會和你一起採取極簡的生活方式。例如，你與伴侶可能都同意家中某些區域需要好好清理，無論是充滿無用物品的抽屜、堆積如山的衣櫃、廚房流理檯面或者垃圾桶，就算是最喜歡儲藏東西的人，通常也會同意應該清掉某些東西（無論該區域的面積大小）。

你可以試著詢問對方是否想要清理家中的某個區域。舉例來說，「你會不會覺得浴室抽屜裡放太多東西啦？」用這句話當成起點，你可能會發現，只要目標明確，伴侶也會相當支持。

如果伴侶追求極簡生活的步伐較慢，而你又非常想要極簡生活帶來的平靜與自由，你可以把一個房間（或者房間裡的某個小角落）設立為「極簡主義聖堂」。這個區域沒有任何雜亂堆積、噪音與令人分心的物品。待在這個地方，可以獲得平靜，還可以讓你充充電，讓你變成最好的伴侶與家長。好好守護這個區域，等待伴侶加入極簡主義之旅時，你可以善用這個地方。

果凍戰爭

我和妻子小金雖然決定一起力行極簡主義，但一切並非總是一帆風順，我們仍會有許多歧見，比方說應該丟掉什麼東西、留下什麼東西，又要改變哪些購物習慣。

舉例來說，我一開始就想把近八成的物品丟掉，但小金只想丟掉六成就好。我們兩人的極簡主義生活一開始很平順，但我想要繼續簡化，小金卻希望能夠稍微恢復本來的習慣。

八月二十二號，我們攜手追求極簡生活四個月之後，我從彼此的歧見裡學會了寶貴的一課。我還清楚記得日期，因為那天是兒子的生日，我們想替他舉辦一場運動風派對。

派對前一個星期，我在沒有知會小金的情況下，擅自清理廚房裡的一個抽屜。我丟掉了小金替派對準備的運動主題果凍蛋糕。小金發現之後，在廚房大吼大叫，聲音明確地表達了她的失望。

那天早上我學到了關於極簡生活的珍貴教訓，迄今我仍然銘記在心：**我們眼裡容不下別人造成的雜亂堆積，卻看不見自己的缺點**。沒有經過家人同意，擅自丟棄物品，想要藉此強制執行極簡主義生活，這絕對不是什麼好主意。

與其冒險擅自更動家人的私有物品或共同擁有的物品，不如專注簡化自己的物品，這才是睿智的方式（除此之外，我也知道了五歲的小男孩喜歡任何一種運動主題造型的果凍蛋糕，雖然小金不認同我的想法就是了）。

世界上鮮少伴侶會完全認同彼此，雙方能夠互相禮讓、妥協，才是健康關係的基石。這點在追求極簡主義生活時也不例外。

時至今日，我與小金對極簡主義生活仍有歧見。衣服與兒童用品是我們最常爭執的兩個議題。但我們兩個人已經取得共識，知道要如何處理兩人都想保持極簡的家庭區域。你和你的伴侶一定也做得到。

如果你也有孩子，下一個重要的步驟就是與伴侶達成共識，一起把極簡主義帶入孩子的生活。好比在教導孩子時，說服孩子一起參與極簡生活。你與伴侶必須站在同一陣線，這點相當重要。因此，你們倆必須好好討論。

探討相關的青少年議題之前，我想先聊聊兒童的極簡主義生活。無論面對青少年還是兒童，都必須謹記以下原則：

要求孩子之前，先要求自己。

如果你希望孩子不要買這麼多東西，那麼你也要減少購物。倘若你希望小孩捐出自己不需要的物品，你同樣要比照辦理，並且率先以身作則。

你買了一艘船，一年只用兩次，怎麼要求小孩放棄玩具。

你的衣櫃堆積如山，如何要求小孩整理衣物，並且將穿不下的衣服捐出去？

與你的伴侶合作，共同追求極簡生活，一起讓孩子發現極簡生活是非常好的目標，才不會引發孩子的不滿。

小大人的極簡主義生活

我和小金開始追求極簡主義生活時，兩個孩子分別是五歲和兩歲。到了今天，他們已經是十三歲與十歲。我看著他們在這個家成長，擁有的東西比大多數的鄰居朋友更少。他們很適應極簡主義生活，也過得很好，從來不覺得自己被剝奪，反而認為自己的生活很富足，他們會成長為充滿想像力與雄心壯志，並且十分特別的大人。

我和小金也曾犯下一些錯誤（全世界的家長都會犯錯），但一路上也學會了寶貴的經驗。迄今為止，我們最珍貴的教訓是：與小孩一起成為極簡主義者更難，卻更重要。無法節制生活的小孩，長大之後，也同樣會變成無法節制生活的大人。

從務實的角度來說，我們要怎麼協助孩子成長？

對待年幼孩子與年長孩子的方式各有不同。正如你必須與伴侶討論一起追求極簡主義生活，對待不同年齡層的孩子，也要進行教育。對待年幼的孩子，你必須引導；面對青少年，你必須更具說服力。

年幼的孩子可能完全沒有聽過極簡主義，更不可能會去思考這個概念。所以，你必須用簡單的詞彙描述何謂極簡主義，讓孩子知道，為什麼你與伴侶想要追求極簡主義生活，極簡主義又能夠替家庭帶來什麼好處。

小孩遠比我們想得聰明，很快就會明白你不是在逼迫，而是出自於愛，所以希望他們也採用極簡主義生活。

仔細聆聽小孩提出的問題與擔憂，竭盡所能地回答他們的問題。同時，也要向他們擔保，極簡主義生活不代表不買任何物品，而是謹慎思考購物決定。除此之外，你們也會想出方法，處理孩子已經不需要的物品。

只要小孩能夠理解極簡生活的目標，並且有些意願參與這場旅程，你就可以開始與他們合作，找出必須丟棄的多餘物品。舉例來說，你可以從小孩已經不穿的衣服、不需要的玩具、不讀的書以及用不到的美勞工具開始。他們很快就會明白自己根本不需要這些多餘的東西，也能過得很好。

於是，小孩會開始問自己：我到底需要多少東西？小孩子適應極簡生活的速度之快，其創意與決心，可能會讓你非常驚訝。家裡很快就會出現小小極簡生活主義者。

為了讓小孩在追求極簡主義生活時更有力量，並且鼓勵他們創造更整潔無雜亂的環境，你需要建立生活的「節制疆界」——清楚地劃分什麼東西值得買、什麼物品可以保留，哪些東西屬於不允許的範圍。

舉例來說，我們與女兒達成協議，她可以自由決定玩具的數量，但必須全部收進衣櫃，如果收不下，就要處理掉。同樣的，美勞作品必須全部收進床底下的透明收納箱。一旦東西超過節制疆界，我們會讓她自己決定留下哪些東西，處理掉哪些東西。我們家一年會舉行兩次家庭討論會議。

節制疆界是好工具，能夠協助所有人，對小孩特別有幫助，因為他們的想法很具體。節制疆界可以讓小孩理解金錢、空間和時間的有限性質，幫助他們知道自己應該做什麼，又能夠期待哪些結果。家長應該善用節制疆界，如果孩子知道如何有效執行節制疆界，就要好好讚美他們。

讓孩子覺得有趣也是一種鼓勵他們堅持的好方法。你的生活已經順利極簡化之後（你應該要做到，請記得以身作則的重要性），一定會有額外的金錢積蓄與時間用來鼓勵孩子。**善用資源，替孩子創造愉快的家庭經驗**。帶孩子到海灘、主題公園，或者趁週末前往鄰近的城市踏青。你當然不能把所有積蓄用在這次的旅程，如果你正在想辦法擺脫債務，更不應該過度花費。然而，你可以創造愉快的回憶，為極簡主義生活的成果添色。

愉快的經驗，能夠長久幫助孩子理解你的極簡生活目標，並且鞏固他們參與的決心。

家不是玩具店

「我不知道該怎麼做，我女兒一直不高興。」聽到朋友桑迪亞戈說出這句話之後，我在椅子上坐挺身子。

桑迪亞戈比我年長幾歲，各項財務能力也更勝一籌。他的收入比我好、車子比我多、房子也比我家更大，就連玩具也比我們家多。當時，我們在市中心的餐廳，一起享受一頓美好的饗宴，暢談婚姻與育兒。我們的話題開始圍繞在他剛讀小學的女兒身上。

桑迪亞戈的臉上滿是憂愁。「我不懂。她有一個抽屜，裡面全都是電玩遊戲，臥室滿滿都是玩偶，我們家甚至還有玩具房。但她還是不快樂，一直覺得很無聊。」

桑迪亞戈的話鋒一轉。只要談到育兒，他就會開始聊起自己的童年。

「我還是小孩的時候。」他說：「我們家很窮，什麼都沒有。你懂嗎，約書亞，我們家真的很窮。我只有三個玩具，而且要跟另外三個兄弟一起分享。我們隨遇而安，而且很快樂。我不曾要求父母買東西給我。」

我已經做好準備回答這個問題了。多年來，我不停思考這個問題，已經把答案寫在《與孩子一起享受簡潔生活》（*Clutterfree with Kids*）這本書裡。

「你的寶貝女兒可能是因為擁有太多玩具，才會覺得不滿足。」我說：「請你換個角度想想。你小時候雖然只有三個玩具，但你知道自己只會有三個玩具，情況不會改變，不多不少，就是三個。因此，你被迫隨遇而安，並且從中找到快樂。因為這是你唯一的選擇。」

桑迪亞戈點點頭，我知道他明白我的意思。

我繼續說道：「然而，你女兒的生活環境完全不同。如果她想要新的東西，不管從廣告上看到，或者是她朋友有某個東西，她只要開口，一定可以得到。你允許她從新的玩具、遊戲和購物行為裡尋找快樂。你用實際行動鼓勵她。如果她也被迫從現有的玩具裡尋找快樂，或許她可以找到。就目前來說，她對生活的印象，就是下一個玩具才會帶來快樂。」

桑迪亞戈的臉色變得難看，因為他知道我說的是事實。他的縱容，讓女兒培養出不健康的財產觀念。

全天下的父母都應該謹記在心：孩子需要節制疆界！如果我們沒有讓孩子知道什麼是「太多」，他們永遠都會想要更多。倘若我們放縱小孩，不讓他們思考擁有太多的壞處，就是在害他們，使他們踏上物質社會的覆轍。

你絕對不想讓孩子也沾染貪得無厭的惡習吧？趁早開始教育「少即是多」、「少即是樂趣」的正確觀念！這也是展現愛的最好方式之一。

孩子離家前，讓他們做好準備

根據我的個人經驗，引導年幼的孩子接受極簡主義生活比較容易，青少年則不然，他們比較可能會反抗。然而，協助他們建立極簡生活的習慣是非常重要的目標，因為他們再過幾年，長大成人後就會離家自立。

我曾經在內布拉斯嘉、威斯康辛、佛蒙特和亞利桑那等地的教會與青少年一起工作，所以非常了解他們，我能夠理解他們抗拒極簡主義的理由。青少年都希望被同儕認可，才有被接納的感覺。廣告商以青少年為目標族群，想要刻意影響他們的終生花費習慣。除此之外，青少年也開始替自己的人生做決定，所以更不容易接受大人的建議，特別是家長。

如果你家中有青少年，一定要知道眼前的挑戰很艱辛。然而，你也應該了解教導青少年學會極簡主義的好處。他們未來有許多重要的人生抉擇。他們還沒開始使用信用卡，不理解成為債務人的沉重之處（但願他們永遠不會如此！）。假如他們的花費習慣受到外部世界的影響，他們也不是真正地替自己做決定。

不久之前，我召集了一群家長、心靈導師與德高望重的社群領導者，希望分享彼此的智慧，協助青少年抵抗現代社會的物質主義。集思廣益肯定會有好結果，以下就是大家的想法：

● 鼓勵青少年培養理想

許多青少年想要改變世界。成人太常誤解，甚至不鼓勵青少年培養理想。我們應該鼓勵青少年！讓青少年知道極簡主義的可能性，協助他們更勇於夢想，而不是滿足於擁有最新的3C產品、酷炫汽車或者大房子。

● 要求青少年自力購買昂貴的物品

父母應該提供食物、衣服、住處還有其他生活必需品。除此之外，在合理的範圍之內，父母也要送禮物給孩子。但是，要求孩子自力購買昂貴的物品，能夠培養健全的財產觀念，對於工作與滿足之間的關係，也會有更好的理解。

● 鼓勵青少年看清楚廣告裡的真實訊息

廣告不會消失，我們也不可能完全迴避廣告。你可以與孩子一同看廣告，解讀背後的行銷訊息，例如：「這則廣告到底想要賣什麼？你覺得他們賣的產品名符其實嗎？」

● 找到伙伴

孩子成長為青少年之後，家長的角色也會有重大的改變。在大多數的家庭裡，青少年會開始表達自己在親子關係裡的獨立地位。但這不代表他們不會聽大人的話。你可以在居住的社區裡找到一個人，可能是運動球隊的教練、輔導老師或者教會裡的領袖。這個人贊同你的價值。你可以讓他（她）與你的孩子談談人生。

• 杜絕過度的家長義務

家長總是勤勉不懈且不惜代價，也要讓孩子能夠享受好的生活。然而，我們的作法也同樣危險，孩子可能因此無法做好準備承擔人生的真實責任。我們所擁有的一切都來自於努力爭取，草皮需要整理、汽車也要清洗與保養、洗乾淨的衣服要折，房間需要打掃。你應該經常讓孩子理解這個道理。（讓我再給你一個提示，關鍵就是讓孩子自己動手做家事）。

• 前往低度開發國家旅遊

我經常帶孩子前往貧困國家旅遊參觀，看見他們擁有的東西與貧困國家小孩擁有的東西竟是天壤之別，每一位孩子內心都倍感衝擊。更進一步地說，看見貧困國家的小孩擁有這麼少，卻這麼快樂，會在孩子心中留下深刻印象，讓他們大開眼界。親眼看看第三世界的生活條件，就能讓他們知道第一世界強調的消費主義是如此愚蠢而不合時宜。如果你附近的相關組織或教會舉辦這種旅遊，請鼓勵孩子參與。

教導小孩明白**重要的不是他們擁有什麼，而是他們是怎麼樣的人：高貴的人格遠比物質商品重要。**請你相信並且親自實踐這個真理。只要時機正確，也要提醒你的孩子銘記在心。

無論在什麼樣的情況，你都要保持耐心，堅持下去。孩子的年紀越大，就越難改變自己的想法，轉而追求極簡主義生活。

就以我自己來說吧，我花了三十年才終於開始採用極簡生活，所以不要愚蠢地以為孩子會在三十分鐘之內改變——就算三十天也不見得可以。然而，你會隨著時間經過，慢慢發現青少年跟年幼的孩子一樣，開始學會喜歡極簡主義生活帶來的潛力。孩子以後如果打算改變自己，至少還有你教他們的觀念與示範。

極簡主義的學生

潔西卡・唐與雙親一起住在英格蘭。十五歲的時候，她開始閱讀描述極簡主義原則的佛教書籍。「我馬上就被吸引了。」她說：「書裡面說的很有道理，所以我才會深深著迷。

每個人都渴望得到快樂，快樂不需要物質財富，就算大多數的人都這麼想，也不會改變這個真理。」

潔西卡注意到極簡主義時，她的父母正好開始賺很多錢，支出也大幅增加。潔西卡回憶道：「我們買了更大的房子、更多衣服，還有許多吸引人的小東西，以及每個人賺到錢之後都會買的東西。我們雖然沒有買到失心瘋，但很多東西最後只是放在家裡沾灰塵。我最後悔的事情是幫爸爸買了一臺很大的健身器材，但從來沒有使用過。家裡越來越擁擠，房間變得越來越小，我待在家裡，被這些東西包圍，反而變得很焦慮。」

我想知道潔西卡的朋友如何看待她的極簡主義。

潔西卡說：「有時候，我覺得自己跟朋友活在兩個世界。他們擔心太多事情，例如最新的時尚流行，但我根本不在乎。一開始，我想勸他們放輕鬆，不要在乎物質生活，生活裡面還有更重要的東西。他們完全聽不進去，最後我決定保持沉默。我只是在對牛彈琴而已。」

潔西卡決定在網路上開一個部落格，名稱就是「極簡主義的學生」。潔西卡在部落格裡書寫她對極簡主義的想法與實驗方法，並且在網路上找到志同道合的年輕朋友。

潔西卡考上大學之後，她打包東西放在後車廂，準備搬到另外一座城市。她非常喜歡自由地追求極簡生活，也確定自己根本不需要那麼多物品。

潔西卡的大學生活才過了一年，她的物品已經少到能夠用一個手提箱裝起來。她搬到日本一年。「那是我生命裡最美好的一年。」潔西卡說：「我親身體驗、目睹和品嚐許多刺激的事物，而且完全不需要增加自己擁有的物品。我不需這麼多東西！經過那年之後，我的生活徹底改變了。我回到英格蘭，完成大學學位，找了一個新的住處，帶著少少的東西住進去。那些年，我真的過得很快樂。」

你能夠想像潔西卡揮霍無度並且過度購物嗎？我無法。潔西卡已經找到了更棒的生活方式，也會一輩子堅持下去。極簡主義在她青春年少的時候已經扎根了。

家庭關係最重要

世界各地的家庭都在追求「財富」與「擁有」的快樂。我們被這樣的文化荼毒太久了，應該要培養一個新世代，讓他們從別的地方找到快樂的生活。容我再度向讀者保證：全家人絕對可以一起追求極簡主義生活。我的家庭與其他朋友的家庭都是很好的證明。

請你好好學習極簡主義，與家人朋友暢談極簡主義，建立你的節制疆界，享受極簡主義帶來的好處。

全家人一起追求極簡主義生活，你會愛上這種感覺！

替這章做結論之前，我必須重新提醒你一件事，雖然我希望你已經明白了：你與家人之間的關係遠比你的極簡主義之旅還重要。

我聽過一些人提到，他們雖然在極簡主義的旅途上踏出了幾步路，但他們與配偶或孩子的關係變得惡劣，因此覺得非常沮喪。衝突與憤怒影響了他們的家庭關係。在少數較為極端的例子裡，單方面的追求極簡主義，最後甚至導致家庭分崩離析。

我曾經收到一封電子郵件，讀完以後，我非常驚恐。上頭寫道：

約書亞，我希望你可以給我建議。我覺得自己快要被家裡的東西壓得喘不過氣。丈夫不聽我的話，也不考慮丟掉任何東西。你覺得我應該離婚嗎？

我迅速回信，部分內容節錄如下：

> 我可以理解你為什麼覺得喘不過氣，但我絕對不會建議你離婚。極簡主義的目標是讓人變得更親密，而不是更疏遠。

這位女士差點就釀成大錯！

你也應該避免犯下類似的錯誤。不要讓你的物品議題造成家庭情感失和與離異。

請記得你選擇極簡主義是有道理的，部分原因很有可能就是因為你珍惜家庭感情更勝於財產物品。因此，如果極簡主義造成你與家人失和，未免得不償失。你寶貴的家庭關係比極簡主義更重要。

請你理解，**你不能強迫改變任何人，只能在對方同意的情況下，提供教育、鼓勵和協助。**家庭成員對於極簡主義的反應或許無法讓你心滿意足。如果真是如此，請你記得「有總比沒有好」的道理。如果你在結婚時曾經發誓會忠誠守護伴侶，直到死亡將你們分開為止，你也要繼續堅持誓言。

最偉大的愛就是有耐心。如果你覺得沮喪，再也壓抑不住怒火，想要抨擊家人，請你深呼吸。請記得，你也不是完美的。請你在心裡列出伴侶與孩子的優點。容我再度提醒你：你無法改變任何人，但你可以改變自己的反應。

一位家庭成員如果拒絕減少自己擁有的物品，或許背後藏有更深層的議題。伴侶或孩子的內心創傷，可能會讓他成為囤物者。他的行為也可能來自於強迫症或者其他精神狀況。正確的處理方式是溫柔對待，並且尋找正確的協助管道，幫助家庭成員面對問題。有時候，你甚至必須尋找專業人士來處理。

你必須努力傳遞極簡主義生活的好處。摯愛的家人與你並肩作戰，一起追求重要的生活轉變，沒有任何東西能夠勝過這一切。無論發生什麼事，都要堅持下去。

你應該把愛專注在「人」而不是「物品」（或者是「匱乏」），也要特別愛護離你最近的人。

迄今為止，我們已經學會追求極簡生活的步驟，包括如何與家人並肩作戰，現在很適合關注更大的議題——極簡生活的回報。

請你記住，過量的物品不只阻礙我們追求快樂，更糟糕的是，過量的物品還會阻止我們接觸到能夠帶來快樂的事物。放下不重要的東西，我們才能重獲自由，追求真正重要的目標。

接下來，我們會在討論如何變得更慷慨（第十一章），實現更有意義的生活（第十二章），以及追求偉大的夢想（第十三章）。

Chapter 11

加速通往更偉大的目標

Shortcut to Significance

有一天，我和家人一起去添購生活用品，離開商店的時候，發現我們家深紫色的廂型車被另外一輛汽車刮出一條長長的刮痕。我心頭一沉，胃隱隱作痛。我們家的車子居然被刮花了，大家都會看到這條刮痕！

更糟糕的是，造成這條刮痕的駕駛已經離開現場，沒有留下任何聯絡方式，我們根本無法找到對方的保險公司來申請理賠。換句話說，如果我們想要修繕刮痕，就要自己付錢。由於我們家的汽車已經很舊了，所以我們不太可能會花錢做修繕，汽車的美觀就這麼毀了。

一路上，我和小金都在生悶氣，一句話也沒說。

在沉默中，我開始思索這場意外對我造成的影響。我為什麼會因為廂型車的刮痕而如此憤怒？

我認為，因為我們家的廂型車是一大筆投資。我們花費了辛苦賺來的錢，也用了很多時間與力氣來維護保養。如果是腳踏車被刮傷，我根本不會這麼在意。但這輛廂型車象徵我們家的大投資（僅次於房子），也包含了我的情感。

隨後，我想起了耶穌的話：「你的財富在哪裡，你的心就在那裡。」請你注意耶穌的先後用語順序：心追尋財富，而不是財富隨心走。

不幸的是，太多人花費心力追求錯誤的東西。我們花費生命追求物質財富，但財富無法帶來永遠的幸福。我們買了更大的房子、更快的汽車、更時髦的衣服、更酷炫的電子產品。我們的櫥櫃明明放滿了，卻一直在買更多更多的東西。這樣的結果，導致堆積如山的物品開始要求我們用更多的時間與力氣來維護保養。

稍縱即逝的東西無法帶來永恆的快樂。我們活在過量的物品裡，卻永遠都不滿足。

因此，我們每一個人都應該把目光放遠，找到真正值得投資的事物，**投入我們的心靈，才能得到真正的快樂、永恆的目標與不朽的自我實現**。而我的重點就是家庭、朋友、靈性修養以及內心相信的目標。我們應該把更多時間、能量和財務資源投入在正確的地方。

極簡生活能夠讓我們變得更慷慨並懂得付出。事實上，我見證了極簡主義如何成為永恆不渝的追求，以及通往偉大生活的捷徑。

也許很多人都想變得慷慨，但他們必須先解放自己，不再過度花費，拒絕累積過多物品，否則永遠也無法成功。

把自己過度擁有的物品，轉變為協助他人生命的供給，能夠增添生命的富足色彩。我們越是加快腳步理解奉獻的真理，就越是能夠盡快看見彼此生命的潛力。

因此，**慷慨不是極簡主義的成果，而是極簡主義的動力**。

無論近在咫尺的鄰居，或者遠在天邊的陌生人，你一定也想改善他人的生命，對不對？本章的重點是奉獻你不需要的物品、多餘的金錢和空閒的時間。施與受都會因此獲得美好的結果。

車庫大拍賣

我和小金剛開始追求極簡生活時，不知道要怎麼處理我們想丟掉的物品。一開始，我們的目標是從盡可能地從丟棄物品裡回收金錢價值。我的想法如下：我付了不少錢買這些東西，現在也要把錢拿回來。

為了達成目標，我們嘗試了好幾種方法。首先，我們把東西放上了「克雷格列表」[1]。其次，我們將衣物送到寄賣商店。我和小金甚至設立了網拍帳號（我還把雜物抽屜的所有物品放上網，但沒有任何買家下標！）

我們當然也舉行了車庫大拍賣。

我和小金開始奉行極簡主義生活之後，過了幾個星期，我們決定在週六舉行車庫大拍賣。我們起得很早，匆忙吃完早餐後，就開始辛苦地準備張羅。我們擺好桌子，放上餐具、衣服、玩具、裝飾品、書籍、CD與DVD……供買家參考。我們也在每項物品旁邊放上手寫的價格標籤。

準備就緒之後，我們開始到街上發放宣傳用的氣球，並且誠心希望今天不要下雨。我們模仿百貨公司的作法，在車庫裡播放輕柔的音樂。最後，我們終於打開車庫大門，準備舉行大拍賣。

我和小金一邊等待客戶上門，一邊討論要怎麼處理拍賣得到的一大筆錢。該存起來，還是作為旅遊基金？還是要買張新地毯放在客廳呢？我們彷彿有無限選項，但現實毀了我們的夢想。

我坐在綠色塑膠椅上，看著人潮緩慢地來來去去。客人拿起商品，把玩注視了一番，就會放回原位。我和小金盡可能地與客人交談，望著他們的雙眼，希望能夠讓他們享受愉快的購物經驗。一些客人確實有興趣購買，但為了成交，我們經常得調整價格。

太陽越過天空，時間已是下午。我和小金決定減價出售，並且四處走動，希望能夠促成更多交易。我甚至假扮成顧客，希望增加其他人的購買意願。

一整天的拍賣結束之後，我們的營業額是一百三十五美元。這個金額令人氣餒。這筆錢比我們想像得更少。我和小金也很難過。坦白說，看著你喜愛的居家裝飾商品已經降價到二十五分錢，但還是賣不出去，你一定會開始質疑自己的品味。

那天晚上，我和小金太累了，根本不想煮飯，決定帶著一家人到外面吃晚餐，用掉了當天一半的收入。這就是我們舉辦車庫大拍賣的財務成果。

我的夏日車庫大拍賣經驗，加上其他人的相似經驗，請讓我向你提供一些建議：如果你想追求極簡主義生活，那麼直接丟掉某些物品就好，不要賣掉，那只是徒增麻煩而已。想要賣掉所有多餘的物品，反而增加極簡過程的負擔與壓力。某些昂貴的物品也許值得賣掉。小東西完全不值得——絕對不要以為車庫大拍賣可以創造高額收入！

幸運的是，我和小金馬上就找到其他方法了。

擺脫多餘物品的更好方法

舉辦車庫大拍賣既累人又浪費時間，結果也相當失望，我和小金還有大量多餘物品要處理。小金決定打電話給「照護網絡」，一個位於佛蒙特柏靈頓的地方型組織，專門協助待產期的母親，例如提供孕婦與嬰兒衣物。小金想知道「照護網絡」組織是否能夠用得到我們尚未處理的嬰兒用品。

他們用充滿熱情的聲音回應道：「我們用得到！我們一直很缺物資！」聽到他們的熱情，我也決定打一通電話。這一次，我打給「佛蒙特難民援助計畫」組織，他們的工作目標是協助難民與移民能夠建立個人與經濟獨立。

他們非常需要毛巾、亞麻還有廚具，因為他們經常需要整頓公寓，讓衣衫不整的移民與難民有家可住。

隨後，我們打了好幾通電話給當地的慈善單位，包括一間專門接濟街友的組織。

我和小金開始明白，我們家的物品可以替這個社區的許多人，包括小孩，提供基礎的生活安全需求之後，我們的心也變得柔和。同時，我們也非常懊悔，很多人迫切地需要我們放在家裡衣櫃或地下室而沾滿灰塵的物品。我們為什麼要堆積這些物品？就只是以為有一天，家裡的衣服或廚具會突然不夠用嗎？

我們也懂了，把用不到的物品捐贈給慈善單位的快樂，遠遠勝過於賣掉之後所得的金錢。這次的經驗改變我對極簡主義的看法，同時，也永遠改變我對如何追求極簡主義生活的建議。

捐出你不再需要的物品，而不是賣掉。你可以藉此練習慷慨，而且永遠不用擔心自己沒有捐贈的機會。

全世界各地有數不盡的慈善組織，他們都在面對真實而迫切的需要。他們提供食物與住所給無家可歸的飢餓人民；他們把乾淨的水送到缺乏水井的鄉村；他們保護受虐婦女；他們把孤兒送到溫暖的家庭；他們提供教育機會與職業訓練，好讓有需要的人可以找到起點。他們做的不只這些，還有更多。

把不需要的物品送給慈善組織，你能夠迅速簡單地改變世界。除此之外，捐贈得到的節稅證明，可以創造良好的財務效果，甚至好過於你在網拍或車庫大拍賣的所得──而且不用付出太多力氣！捐贈帶來的滿足感絕對不同凡響，就算車庫大拍賣的所得超過預期，也比不上捐贈。

用極簡方式處理物品是一件苦差事。想要賣掉多餘的物品，只會增加你付出的時間與精力，甚至帶來更多的焦慮與不滿。然而，捐贈多餘物品可以創造快樂與自我實現，金錢買不到這一切。

請開始尋找符合你內心價值的當地慈善單位，看著你多餘的物品能夠照顧社區鄰里的需求，好好體驗這份快樂。阿璃．伊斯特伯恩藉由捐贈，得到了其他人無法想像的體驗。

阿璃的戒指故事

二〇〇七年，阿璃四十歲，已婚，也有小孩。阿璃有著一頭紅髮，她與其他女士一起參與週末的教會靜修時，展現出非常亮眼的個性。她希望能夠藉由這次機會，好好聯繫與朋友的情誼，並且專注在她與上帝之間的關係。但是，阿璃不曉得這次活動會改變自己的一生，最後甚至影響全世界無數男女的人生。

女士齊聚一堂，靜修領導人提出了一個問題：「我們能夠做什麼來改變世界？」

房間陷入一陣沉默。

阿璃最後開口說了：「如果我們賣一些東西，用這筆錢來幫助別人呢？」

阿璃的想法換來另一陣沉默，但她還沒說完。

「假如我們賣掉自己喜歡的物品，像是汽車或私人遊艇——」她突然停下來，因為一個顛覆性的想法穿過她的腦海，而這個想法會改變她與無數人的生命。阿璃接著說：「如果我賣掉結婚戒指，那筆錢應該可以餵飽非洲的一整個部落吧。」

阿璃說完以後，連她都不敢相信自己剛剛說了什麼。然而，阿璃發自內心明白，她就是想要捐出戒指。

阿璃回家與先生懇談多次，幾個星期之後，他們決定賣掉結婚戒指，把這筆錢捐到非洲撒哈拉地區，作為開拓水井的資金，解決當地缺乏乾淨飲用水的致命問題。

故事還沒結束。又過了幾個星期，某個星期天，朋友把阿璃拉到一旁，將自己的結婚戒指交給阿璃。朋友悄悄地說：「妳也可以把我的戒指捐出去。」更讓阿璃驚訝的是，朋友一個接著一個表明願意捐出結婚戒指。

阿璃把握這次機會，創辦了一個非營利組織，名字就是「用我們的戒指」。阿璃呼籲朋友加入這場激進的慈善活動，並且大膽要求參與者捐出自己最珍貴的財富，用來幫助其他更有需要的人。

迄今為止，「用我們的戒指」已經募集超過一千枚結婚戒指，替非洲、中美洲和印度等地共數以萬計的人提供乾淨的飲用水。

阿璃在慷慨捐贈裡感受到快樂與成就感。阿璃的例子也在在證明了「施比受更有福」的道理。

讀者們或許不需要做到捐出婚戒這種程度。阿璃第一次做慈善就能如此慷慨，其實非常罕見。然而，我們人人都應該照顧貧困和有需要的人，這不只是為了他們，也是為了自己。

捐出自己的財物，能夠立刻協助世上最脆弱的朋友。

這只是極簡主義如何強化慷慨行為的第一步而已！

投資你的「極簡生活利息」

順利完成生活極簡化之後，讀者會立刻發現一個好處。由於我們停止購買過多物品，財務狀況也會立刻改善。我認為這筆錢就是投資極簡生活之後創造的「利息」。

這筆「利息」有很多用途，例如清償債務、儲蓄或者投資更有保障的未來。我們真的有購物需求時，可以重質不重量。以上都是不錯的作法，但立刻開始慈善捐贈或者增加捐贈額度也是一個好方法。

請讀者猜看看，美國人平均一年捐出多少比例的年收入？

正確的答案是一個美國人每年平均捐出二%至三%左右的收入，全國總計金額為兩萬六千億美元，再加上各基金會、企業組織和遺產捐贈，金額則是三萬六千億美元。

請別誤會我的意思。我很樂見金錢用在需要幫助的人身上。我也必須坦承，這筆金額真的令人覺得羞愧。如果我們捐出三%的個人所得，代表我們還可以保留九十七%的所得。美國是全世界最富裕的國家，我們真的需要使用九十七%的所得嗎？我們難道對美國境內與世界各地有需要的人就這麼袖手旁觀嗎？

我了解把錢送出去會讓你覺得恐懼，特別是如果你過去並沒有太多捐贈的經驗。實踐慷慨的美德需要勇氣。把辛苦賺來的血汗錢雙手奉出，這確實不容易。我們老是緊守著我們的資產，就怕「將來會用得到」，我們也會緊緊抓住金錢，以防「有一天用得到」。

我們內心的恐懼，迫使我們留住很多錢，但其實我們根本不需要這麼多。事實上，極簡主義不但減少我們的支出，也降低了我們的財務風險。

因此，我建議你把多餘的金錢捐贈出去。你應該學習放手，讓你的金錢融入協助他人的偉大潮流。

你會意外地發現捐贈可以帶來如此快樂。

你也會驚訝地察覺自己居然如此深入地參與這場慷慨之旅。把你的財富用在好的地方，心靈也會跟著提升。

不要把力氣用在思考應該購買哪些期貨以及奢侈品，而是花點心思想想，把錢捐到哪些單位可以發揮最大效益。你會找到很多慈善資訊，讓你變成一位日行一善的好心人。如果你已經開始進行慈善事業，以下是我的一些小建議。

在捐獻中獲得成長

很少人會滿足於自己的慷慨程度。我認識的朋友多數都希望自己能夠捐獻更多。

因此，我提出幾個步驟，盼望能讓讀者逐步變得越來越慷慨。如果你從未捐出任何金錢，這是非常好的起點（無論你當前的經濟狀況如何都沒關係）。如果你想提升慷慨程度，這些步驟也會有幫助。

- **從小額捐贈開始，再小都沒關係**

如果你從來沒有捐款的經驗，可以從一塊錢美金開始，千萬不要覺得難為情。什麼都不用擔心，你可以在網路上找到許多慈善單位接受以信用卡支付一美元的捐贈。你也不會在路上遇到任何人記得你只捐贈了一塊錢。

捐贈一塊錢，當然不是為了讓你可以節省一塊錢的稅金。千里之行，始於足下。如果你覺得捐贈五美元、十美元甚至二十美元會更自在，你也可以自由選擇。無論你想捐贈多少錢，不要袖手旁觀，立刻共襄這場慈善盛舉吧。這點小錢你絕對能夠負擔得起。小小的一筆錢，可以創造相當可觀的生命能量，讓你變得財務慷慨。

●先捐贈的重要性

收到下一筆薪水的時候，記得要先捐贈。

一般來說，我們確定剩下多少錢之後，才會決定捐贈額度。這個作法的問題在於，我們一旦開始花錢，之後就很難剩下什麼錢了。除此之外，往後的日子還有更多支出。「花光所有錢」的惡習已經深植在現代人的生活裡。為了打破這個惡性循環，我們應該先捐贈。

每次收到薪水之後，你可以立刻捐贈一些金錢給當地的教會、街友接濟單位或任何慈善組織。你會很驚訝地發現自己從來沒有錯過任何一次捐贈的機會，而你的慷慨程度也會輕而易舉地隨著時間而增加。

●省下一筆支出，全額捐贈給慈善單位

你可以選擇在一段時間之內省下一筆支出，並且把這筆錢全數捐贈給慈善單位。舉例來說，你可以自己準備午餐，省下上班時的午餐費用，或者一週騎單車上班一次，省下汽車的

燃料費用，或者不要每週購買星巴克咖啡。算出節省下來的金錢，全數轉贈給慈善單位。

建議你可以從某些「戒掉之後反而很有趣」而且會讓你印象深刻的支出開始。你只需要在特定的一段時間裡這麼做，所以應該很輕鬆。

● 選擇符合熱情的慈善管道

全世界有數不清的慈善單位與企業需要你的幫助，其中總會有一些能夠直接呼應你內心的熱情。

你對什麼樣的慈善議題最有興趣？環保？貧窮？宗教？或許是世界和平？孩童營養？還是動物權利？教育、公民權利或乾淨飲用水呢？請你找出能夠感動自己的慈善事業，找到奉獻於該領域的慈善單位，就能快樂地幫助他們了。

● 與慷慨的人相處

多年來，我一直很仰慕一位老紳士的慷慨，於是，在一次午餐機會裡，我決定開口請益他的生活實踐。我說：「你一直都這麼大方嗎？」他則回答：「當然不是。」我緊接著問：「那麼，你是從何時轉變的呢？」、「你如何決定要把哪筆錢捐出去，然後捐到哪裡？」、

「如果有人剛開始想做慈善，你有什麼建議？」當時，我才剛開始練習自己的慷慨，老紳士的建議非常有用（除此之外，那次午餐並沒有花費我一毛錢，讀者應該猜得到是誰慷慨付款了吧？）

慷慨從來不是偶發行為。相反的，慷慨是我們必須在生活裡做出的選擇。慷慨並不像大多數人想得這麼難。有時候，踏出最簡單的第一步，反而是最重要的一步。

極簡生活能夠帶來的重大好處之一，就是你可以在捐獻中獲得成長。

投資你的「時間利息」

思考如何更慷慨的時候，你應該跳脫財富。

你也要跳脫現金。

你要想到自己。

通常，極簡主義不只帶來更多的「金錢利息」，也包括「時間利息」。你決定採用極簡生活之後，再也不需要汲汲營營地賺錢買東西，更不用大費周章地保養維護各種物品。因此，你會有更多時間做其他事情。你可以考慮用這些時間，志願投入各種慈善事業。

我很清楚，擔任志工遠比捐款或寫支票更嚇人。這個步驟涉及私人生活，也會讓你相當害怕。這代表你要親自與其他人接觸，事情的發展也可能會出錯。但是，擔任志工讓我最喜歡的一點，在於我們可以明白接受協助的人，他們是活生生的人，不只是「慈善事業」而已。我每次投入自己的時間、精力與專長，都會覺得非常快樂滿足。

我認為慷慨帶來的影響有分等級。捐出不需要的物品很好，捐贈金錢更好，但最棒的是親身服務他人。

你害怕自己沒有服務他人的專長嗎？我相信你一定有！你有能力，更有熱情，還有從過去的經驗中學到的智慧。你可能善於管理，非常有創意，擁有建築專業能力，或者任何能夠分享的特長。

考慮擔任志工的時候，你應該評估自己的天賦能力與熱情，同時衡量其他人的需求。你想不想管理運送罐頭食物的車隊？你想不想在動物收容中心溜狗？擔任歷史遺跡的導覽人員？教導寫字？替貧困家庭蓋房子？

這個世界有非常多的組織能夠讓我們發揮所長，例如宗教團體、街友庇護中心、食物銀行、圖書館、醫院、老人照顧中心、環境保護組織、國家公園、藝術博物館、學校等等。等到你駕輕就熟，或許可以考慮參與國際慈善活動，例如參加紅十字會的國際賑災、宗教團體的國際傳教活動或者直接參加和平工作團。

趁著擔任志工這件事情聽起來還沒如此嚇人之前，請讓我先提醒你，擔任志工不見得一定要很正式或者參與嚴格的組織活動。你只需要一顆愛護他人的心、一雙願意見證他人生命的眼睛，以及與他們同在的時間。替年邁的鄰居剷雪、替疲倦的母親分擔照顧小孩的辛勞，或者替生病的朋友準備食物，光是這樣，你就可以改善其他人的生命。富有同情心的行動，能夠讓這個世界變得更仁慈而不孤單。

所有慷慨的人都會承認，一個人無法解決全世界的問題，但他們不會因此退縮。他們相信，就算只能改善一個人的生命，也就值得了。

安妮・法蘭克[2]曾說：「如果人人無須等待，能夠立刻開始逐漸改變世界，這是多麼美好的事情。」

慷慨帶來的回報

我們把用不到的物品、多餘的金錢還有空閒的時間捐出去，一定能夠改善別人的生命。但是，慷慨也會用一種美麗的方式，替我們帶來良好的回報。

我的意思並非「因為我們會獲得個人回報，所以應當慷慨」。慷慨是為了幫助別人，這才是最主要的動機。但我們也能期待慷慨會帶來無形的回報，所以要心懷感謝地接受。

因為慷慨，我變得很快樂。我和小金一起努力的事情，也帶來更好的感受。我知道自己並不孤單。許多慷慨的人同樣更為滿足快樂。研究結果甚至顯示，慷慨可以提升身體健康，真的很棒！

慷慨的人會珍惜自己擁有的物品。捐出多餘物品的人，也會更尊重自己擁有的物品。有捐錢習慣的人，比較不會浪費剩餘的金錢。花時間擔任志工的人，更會善用剩餘的時間。

慷慨的人，他們的人生意義始終不是財物。雖然許多人會把收入當成自尊（彷彿財務報表能夠衡量一個人的真實價值），但慷慨的人能夠在協助他人時，找到自己的價值。他們早就明白銀行戶頭的數字不能代表自己的價值。

因此，慷慨的人不想要得到更多。他們的自我實現、人生意義、價值與情感關係完全不是「擁有財物」。他們已經學會如何在自己擁有的財物裡感受快樂，並且把多餘的財物捐贈給有需要的人。換句話說，他們找到了滿足。

也許，慷慨最大的好處正是體認到自己早就擁有足夠的物品。我們已經成為物質主義的人質，總是希望得到更多。不管我們已經擁有多少，我們只想要更多——更多東西，更多錢。

我們為了更有安全感，才會選擇現在的職業。我們把最美好的時光用來追求更多財富。看著某些名不符實的人擁有更多，我們就會心生嫉妒。我們永遠擔心自己擁有的不夠。

但是，想要更多東西的渴望，已經對社會產生不良效果。七十二%的美國人對於金錢所得倍感壓力。有些人甚至因為正當的財務需求而產生焦慮。但是，大多數人根本沒有必要緊張。全世界共有六十億人的年收入低於一萬三千美元，多數人的財務壓力來自於被捏造出來的假需求。

慷慨能夠改變以上的想法，並且幫助我們擺脫追求物質的偏執。慷慨可以讓我們明白自己多麼有福。慷慨會使我們知道自己擁有的已經超過自己需要的。慷慨令我們看見自己應該給予多少，又能完成多少好事。慷慨幫助我們明白鄰人的需求。慷慨讓我們擁有更好的金錢使用方式，不再只是盲目的花費。

如果你有動力要變得更慷慨，你應該藉此追求極簡生活。極簡生活會讓你擁有更多資源，能夠與他人分享，請用自由與喜悅的心情，將資源分享出去。你的心靈會變得更溫暖，世界會變得更好，而你也會知道自己從一開始就不需要這些資源。

因此，就在今天，請把你再也不穿的衣服、用不到的運動器材、已經不會再讀的書，以及徒占空間卻用不到的家具，全部捐贈出去。

你可以立刻捐贈金錢給你支持的慈善單位。你也可以慷慨地奉獻自己的時間，在當地的學校、街友庇護中心或者非營利組織擔任志工。

想要擁有偉大的生活，這是最快的捷徑！

註釋：

1 Craigslist，美國大型網路免費分類廣告看板

2 Annie Frank，二戰猶太人大屠殺中最著名的受害者之一，用荷蘭文以日記方式記錄了一九四二年六月十二日到一九四四年八月一日納粹對猶太人的迫害。

Chapter 12

有目標的人生

An Intentional Life

與二〇〇八年相比，我的人生已經截然不同，而奉行極簡主義就是主因。極簡生活對人生的改變，遠遠不只是清理抽屜與衣櫥。極簡主義挑戰我的人生觀，並且提供了嶄新的生活方式。

回首過去，我已經完全看出極簡生活的優點。

我以前很喜歡看電視，也熱愛電視遊戲。我討厭運動，喝很多汽水，吃太多垃圾食物。我經常熬夜，想睡就睡。我以為自己過著隨心所欲的生活。

但是，我現在已經明白了，過去的生活方式無法滿足我。實際上，我越來越不滿足。當初的生活不是最好的，無論對於我本人或是身邊的親人來說都是如此。我只是終日載浮載沉，找不到人生方向。

這就是為什麼「未經檢驗的生活」不值得追求。我們以為自己活得徹底，實則不然。相反的，我們只是犧牲長久的人生目標，換取短暫的歡愉。

飲食不健康，阻礙我們身體健全發展的機會。

花太多時間看電視或上網，失去與現實真人互動的機會。

忽略運動，無法享受體能冒險活動。

熬夜之後睡一個早上，錯過一天最有生產力的時間。

購買的物品超過真實的需求，不能夠無後顧之憂地自在生活。

入不敷出，就會債務上身。

在自己身上花太多錢，就無法對別人慷慨，難以體驗更廣大的樂趣。

想要避免這種錯誤，你要活出有意義的人生。我們必須用更重要的人生意義與長期目標，在心裡衡量自己的選擇，再做出決定。倘若某個行動、決定或者習慣，無法讓我們慢慢實現人生的意義與熱情，就應該杜絕，因為我們只會偏離重要的目標。

在本章之前，我已經討論過大多數關於財物的重要觀念，因為財物會控制我們，想要正確調整物質環境，也是一件大工程。然而，「少即是多」的原則，不只適用於家庭物品。

讓我們討論三個常見的領域，我們可以在此活出生命的意義，並且因此受惠。這三個領域包括日常生活行事曆、身體和人際情感關係。

忙碌成癮

世界運作的速度越來越快，科技與通訊技術日漸精進，訊息傳遞也越來越迅速。只有能夠永遠保持資訊暢通的人，才能得到企業雇主與社群網絡的青睞。

我們對生命的期待、需求以及得到資訊的管道越來越多，但每天仍然只有二十四個小時。我們的生命也越來越繁忙。

數字會說話。七十五%的英國父母已經忙到沒有時間講睡前故事給小孩聽。越來越多的小孩白天被安置在托兒中心，或者被迫參加課後活動。我們也越來越找不到時間好好休假。美國人的平均壓力指數是四點九（最高為十），主要原因是事務繁忙，以及追求社會認可的生活水準所導致的經濟壓力。

繁忙迅速的生活腳步無法帶來任何長期優點，因為我們忙到連思考的時間都沒有。我們經常疲於奔命，甚至不知道繁忙的行程造成多少壓力，更不清楚過度費力的生活實際上正在傷害我們自己。

太多人以為忙碌就是生命的常態。我們花太多錢，買太多東西，就像我們在行事曆裡放入太多工作。

我們當然必須為了生活而付出時間，並且專心致志地努力。我們也應該鼓勵自己追求重要的事物。很不幸，大多數人都汲汲營營追求錯誤的事物，甚至放縱錯誤的期待影響我們的日常生活。

我們出生以來聽了許多謊言，而謊言讓我們看不清楚生命裡最重要的價值。我們急急忙忙處理一件又一件不重要的瑣事，卻無法享受寧靜且有意義的人生所帶來的好處。到最後，每個人都是輸家。

請你萬萬不可忙碌追求錯誤的事情，否則會錯過真正帶來快樂的機會。

學會如何放鬆

我的朋友麥克．伯恩斯曾經說過，我們確實可以簡化行事曆，讓生活變得輕鬆。他是這麼說的：「十五年前，我也覺得不堪重負。我每天工作很久，想要好好發展自己的職場生涯。

我沒有辦法妥善處理情感關係，包括我的妻子、六個小孩、鄰居、朋友、家人還有同事。我的行事曆總是塞滿滿的，好多事情要做，但時間永遠不夠。

我的出發點是好的，我並沒有任何壞念頭，但我的生活像是一場旋風，我跟本沒辦法呼吸。我一定要改變。我知道自己需要幫助。

因此，我們全家人決定去旅行，想辦法妥善管理時間，專注在最重要的事情。迄今為止，我們一起努力了十五年，也會繼續堅持，成果非常好！

我不能保證往後都是平順的日子。這根本不可能。但是，我可以很有自信地告訴你，我們已經實現了自己想要的生活。我們專注在最有價值的事情上。」

如果你也想在十五年後跟麥克一樣快樂，請讓我提供四個步驟：

❶**在日常行事裡建立足夠的空間：**每天早上都要擠出一點時間，讓自己好好坐下來，準備開始一天的行程。慢慢享受中餐，也要趁著工作的空檔休息。多花一點時間獨處、祈禱或冥想。你應該立刻尋找能夠趁隙休息的小空間，否則會忙不過來。

❷**減少分心：**在現代社會裡，只要點一下滑鼠或者動動手指，我們就可以立刻進入數位

世界。數位世界應有盡有，能夠滿足我們的好奇心。但是，如果我們的興趣太過廣泛，就沒有辦法培養特定領域的專長。我們應該要謹慎地減少分心，例如關閉智慧型手機的通知與應用程式，一天只看兩次電子郵件，減少閱讀網路新聞、娛樂消息和社群媒體的時間。

❸自由自在地說「不」：賽內卡[1]曾經說過：「大家都知道，如果一個人忙於處理太多事情，他就無法做好任何一件事。」你應該立刻認清拒絕的重要性，並且學習拒絕不重要的工作，才能夠讓你的人生豁然開朗，追求最重要的價值。

❹學會欣賞「休息」的重要性：許多人之所以疲於奔命，是因為不懂得欣賞「休息」的重要性。休息能夠幫助我們的身體、心智與靈魂。每個星期都要安排一天讓自己好好休息並且陪伴家人。把休息日排進行事曆，無論如何都要好好休息。

以上就是極簡生活原則如何應用在行事曆規畫，重點在於放棄不必要的事項。除此之外，我們也能夠更注意自己的健康與身體。

膚淺的美麗

我們活在一個過度重視外表的社會。我們偶爾會批評現代社會過於重視外表，但多數人還是花費無數時間與精力，斟酌自己的外表、討論自己的外表，並且希望自己外表更好看，導致生活變得複雜，充滿雜亂堆積，而且支出高漲。

美國人一年花費平均一百二十億美元進行整型手術，購買化妝品的金額則是五百六十億美元。各種新穎的減肥方法推陳出新，令人眼花繚亂。雜貨店結帳櫃臺一旁的雜誌封面，鼓吹著要你練出結實的六塊肌。美國女性一年會花上十四天的時間改善外表。

順帶一提，花時間讓自己變得好看的，絕對不只女性而已。現代男性越來越重視外表，男性化妝品的廠商已在蠢蠢欲動。事實上，一項英國的研究報告指出，男性花費在打扮的時間，已經略微超過女性了。

我們再看看衣服吧。美國家庭平均一年花費一千七百美元購買衣服。我們當然需要衣服，但我們買衣服的主因，通常是因為想讓別人認為我們變得好看，或者為了改善自我認知。

現代女性平均擁有三十件衣服，一九三〇年代的女性則是九件。美國女性平均一年會用一百個小時購買三十次衣服，用四十個小時來購買十五雙鞋子，還有五十個小時的純逛街。除此之外，美國人平均每年丟棄六十八磅重的舊衣物。

我不會花更多篇幅討論珠寶、髮型、足部護理、皮膚保養、刺青與打耳洞——我們投入時間與金錢，全都只是為了讓自己看起來更迷人。

諷刺的是，我們的投資不見得總是能成功。一項調查結果顯示，無論花了多少時間與金錢，七十七％的成年女性仍然不滿意自己的外表。另外一項調查結果指出，如果女性減少四十％的化妝品使用量，無論男性女性都會覺得此人變得更有魅力。

儘管現代文化強調身體之美，但我們的身體並不如預期般健康，這才是長遠人生裡更重要的問題。近六十九％的美國人有過重或肥胖問題。只有二十％的美國成人能夠同時符合聯邦政府建議的有氧與肌力訓練運動標準。但是我們一年花費一千一百億美元吃速食，每週用三十四個小時看電視。真正的問題在於，我們更重視「美觀」而不是「健康」。

你在「外表」上花費了多少時間與金錢？也許早就超過必要的程度。

身體是執行意志的工具

什麼樣的人生觀可以鼓勵你妥善保養身體，但不會過度偏執？我喜歡《每個身體都很重要》的作者蓋瑞．湯瑪斯所說，我們不能夠「把身體當成裝飾品——許多人為了表現驕傲與野心而展露身體，傳遞錯誤的動機——要把身體當作工具。上帝雕塑了我們的身體，讓身體能夠承載我們的意志。」

外表不是最重要的。更重要的是，身體是我們用來實現人生目標的工具。想要成為好的父母、精神領袖、環遊世界的旅行家、成功的商人或是達到任何目標，我們的身體狀況可以成為助力，當然也會變成阻力。

這代表我們必須徹底改變思維，不能為了虛榮心或者填補內心的空虛而照顧身體。照顧身體的目的，是為了更有效率地完成自己的人生希望。

以下的想法有助於讓我們做出更健康的選擇：

- **補充營養：**我不是素食主義者，也沒有節食的習慣。但我很清楚健康的飲食能夠讓我更有效率地過生活。根據經驗，蔬果應該占日常飲食的一半。家庭飲食應該以蔬果為主，而不是肉品。

- **補充水分：**人體內的所有生物系統都仰賴水分。根據梅約診所的建議，人體每天需要補充七十二到一〇四盎司的水分（端看你的性別、體型和活動量）。一天喝八杯水是很好的開始。
- **充分運動：**美國疾病管制與預防中心建議，每個星期應當進行兩次以上的有氧與肌耐力訓練運動，總計時間必須超過一百五十分鐘。如果你有留心注意自己的運動情況，應該已經符合以上要求。如果你尚未做到，請立刻開始。
- **有策略地戒除壞習慣：**這點常識無須重申了，你只需要好好遵守。飲食適量、減少攝取垃圾食物、飲酒適量、減少外食、戒菸、以及謹慎閱讀食物的營養標示表。

以上四個步驟並不是什麼獨門祕訣。真正重要的是背後的動機。我並不是出自於嫉妒、羨慕或者想要別人喜歡我的外表。我信奉這些原則，是因為身體可以因此變得更有效率，足以實現我的生命目標。心智的轉變，可以創造巨大的改變。

請你根據以上步驟，找到自己需要改善的地方，把這裡當作起點。開始下一步之前，你就會感受到勝利的喜悅。

極簡主義如何帶你前往健身房

採行極簡主義生活過了六個月之後，快到十二月十一號了，也就是我的生日。妻子小金問我想要什麼禮物，我其實也不知道。我們花了好幾個月時間清理家裡的雜物，現在根本不想增加家裡的物品數量。

我最近捐了十二條用不到的領帶，所以，我當然不想收到領帶囉；我也才剛處理掉三隻手錶，所以也不會要小金送我手錶。

某個寒冷的傍晚，我下班開車回家，突然有了靈感。我經過社區的商業區，看見一個紫色鮮明的新招牌，上面寫著：「星球健身中心即將為你服務！現在入會只要每個月十美元。」

我現在知道自己想要什麼生日禮物了：健身房會員！這個生日禮物不會造成家中的物品堆積問題，除此之外，我也是第一次有足夠的動力與財務能力，可以好好訓練自己的身體。

十二月十二號，我首次造訪星球健身中心。自此之後，我一直保持規律的運動生活，並且享受運動習慣帶來的各種好處。

以我為例，極簡主義改變我對身體的看法，就像我因為極簡主義而簡化了行事曆。極簡主義的財物處理方式開啟了一扇大門，讓我更留心注意生活的其他領域。

我們可以開始討論第三個需要留心注意的極簡生活領域了，也就是人際情感關係。極簡主義要怎麼應用在人際情感關係裡呢？

懂得如何說再見

許多奉行極簡主義生活風格的人會建議你「放棄所有無法帶來益處的人」。他們鼓勵你處理雜亂無章的人際關係，就像處理衣櫃裡的多餘衣物一樣。

我能夠理解他們的重點，但我無法認同。我相信處理物品的方式無法完全適用於處理人際關係。人和物品不一樣。人際關係也不是交易。我接下來就會著墨在這方面。

首先，我必須承認，必要時，我們有時必須放棄某段人際關係，此時要快刀斬亂麻且不要自責。某些關係會對身體或情感造成實際的傷害，或是關係中的雙方不能從中獲益，又或者為了投入這段關係，導致另外一段更重要的關係受阻，遇到上述這些情況時，你可能就需要結束這段關係。

有時最好的方法就是直接切斷關係。暴力與互賴關係一定要結束，除非關係中的兩人都能徹底改變。如果你有餘力，可以盡量保持風度，但終止這段關係才是重點。

在別的情況下，你或許只需要設定好底線即可。舉例來說，你可以決定「我一週只會打電話給母親一次，緊急狀態例外」。或者，你可以告訴朋友：「湯姆，我要坦白說一件事，你以後不要再說前女友的壞話，不然我沒辦法繼續跟你相處。我真的很不舒服。」

相處時的節奏、平衡與取捨，能夠讓人際關係變得更健康。每次妥善的道別，都讓彼此擁有下一次相遇的空間。

終止不健康的關係之後，你能夠感受到平靜與專注，可以把更多時間、精力與情感留給真正重要的人事物。

你知道嗎，雖然是你選擇說再見，但對方以後很有可能會變得更好！

儘管如此，讓我重申一次，想要追求更好的生活，不見得一定要捨棄人際關係，雖然我們偶爾必須這麼做。追求美好生活的途徑，在於健全的熱情與空間，就算對方並不值得你這麼做，這個道理也不會變。把心力投資在對自己有利的關係並不是愛，而是自私。

珍惜單向的友誼

我有一位朋友，暫且稱呼他為「約翰」。仔細想想，我不確定「朋友」這個稱呼適不適合他，但我決定先這麼用了。

約翰很少回我電話，留言也沒用，更別提簡訊。

每隔幾個月，約翰總是會出乎意料地打電話來。他打電話來的時間通常是傍晚，一開始會先道歉自己很久沒有消息，接著保證他現在的狀況比較好了，最後問我要不要一起喝咖啡或者吃中餐。

我幾乎都會答應。

約翰的生活很辛苦。他說自己過去不但拋棄家人、吸毒、酗酒，還每晚無家可歸。他還會暢談自己的感情不忠。約翰的失敗和他的人生故事一樣，都來自於過去成長的家庭。

每次我們相聚，約翰看起來總是非常邋遢，不修邊幅，但臉上的表情充滿希望。他說自己想在上帝的帶領下重返正軌，也聊到最近參與了團體治療。我要約翰別擔心，一定有人會鼓勵他，我也會竭盡所能幫助他。「我們下個星期再見。」我通常會用這句話道別，接著又要等好幾個月之後才有約翰的消息。

坦白說，我不覺得自己與約翰的友誼對我有什麼好處。他不曾給我建議，沒有工作，甚至沒有我能夠學習效法的一技之長。他當然沒有任何社會地位高的朋友，能夠助我一臂之力。我認為約翰很在乎我，但即便如此，他的方法也非常詭異。

他給了我愛人的機會，這種愛不求回報，而是純粹無私。這種愛是恆久忍耐又有恩慈，也是奉獻和犧牲。讀者肯定能夠明白，這就是真愛。我和約翰的友誼，讓我有機會持續提醒他，無論他漂流到哪裡，我會永遠耐心等待他回來。

多年來，我保持風度與一些朋友斷絕往來，也希望把約翰這樣的朋友，繼續留在我的生命裡，儘管這份友誼的成本效益非常糟糕。

我不想拋棄任何沒有價值的人。我希望彼此能夠更付出。我希望朋友能夠率領我，指引我並且愛我，我也想要留住朋友，讓我能夠服務他、愛他並且投注我的生命。想要均衡的生命，兩者都不可或缺。

完全實現極簡主義

極簡主義成為你內在的一部分之後，你就會找到方法實現極簡主義原則，甚至能夠超越物質生活。極簡主義會讓你在各個領域學會如何謹慎地接受與拒絕。本章已經探討了三個主要的領域。

關於你的日常生活排程，請讓你的忙碌保持在健康的程度，專注在最重要的活動。

關於你的身體保養，請不要在意別人對你外表的看法，讓身體的狀態適合追求你希望實現的人生目標。

關於你的人際關係，如果有需要，請放下不健康或者沒有好結果的關係，但把握重要的朋友，就算有時候難以看出這段關係有任何益處。

能夠在生命各領域實現睿智與健康習慣的人，才能夠體驗最偉大的喜悅。因為他們已經做好準備，能夠超乎自己的想像，完成更多的人生目標。

極簡主義的重點正是實現更多人生目標。我從一開始就不停強調：極簡主義讓我們自由地追求更偉大的夢想。想要實現《擁有越少，越幸福》的旅程，就要從這裡開始。

註釋：

1 Lucius Annaeus Seneca，古羅馬時代著名的斯多葛學派哲學家、政治家、劇作家。

Chapter 13

不要安於「更少」

Don’t Settle for Less

我開始寫這本書的時候，替自己設定了一個目標，希望讓讀者能夠認識極簡主義生活，並且看清楚極簡生活的目標——讓你找到自由，能夠追求真正重要的事物。

至於我是否成功了？那就要看你在閱讀本書的時候，會不會開始想要追求偉大的夢想？或是更進一步，感受到極簡生活創造的自由，開始實踐某些夢想？

我希望你的家庭環境越來越簡潔、平靜而且很吸引人。我也期待你不再身陷過多物品裡，浪費時間在一堆東西裡面找鞋子，或者害怕回家之後看見堆積如山的雜亂而倍感壓力。希望你的生活排程、自我照顧的習慣和人際關係，能夠讓你更有活力，而不是讓你覺得疲倦。如果需要鼓勵或指引，想要打造或維持極佳的極簡主義生活，你應該經常重新翻閱本書前面的章節。

但是，如果我們只是精簡生活，卻沒有善用極簡主義帶來的時間、金錢與自由，感覺就像把錢存在退休金戶頭，退休之後卻沒有用到這筆錢一樣。

我在第十二章討論過人生的目標，而最重要的目標就是追求最偉大瑰麗的熱情與夢想。極簡主義生活讓你重獲自由，讓你可以放心逐夢。

因此，這本書的結論當然要用最清淺顯易懂的話語鼓勵你勇敢追夢！你可以立刻買機票、參加藝術課程、報名擔任志工、進行鐵人三項訓練、開設服飾店、學習飛行課程、花時間陪伴孫子、錄自己唱的歌、爬山、學習法國料理、寫小說、完成學位、領養小孩、參加馬術競賽。無論是什麼夢想，只要資源充足，請你勇敢追夢吧！

在世界上的某個地方，極簡主義者安妮特．賈特蘭正在實現環遊世界的夢想。

在世界上的某個地方，極簡主義者戴夫．鮑崔普正在實現創意寫作的夢想。

在世界上的某個地方，我愛上了自己的新職業，熱情地向人推廣極簡主義之美。

等到你擺脫了雜亂堆積的舊生活，很快就會找到最重要的夢想，並且實踐自己的熱情。夢想不只是夢想，你要實現夢想！

定義自己的「珍珠」

耶穌基督在一天下午與追隨者談起天堂的價值。耶穌照慣例說了一個故事來表達重點。這個故事提升了基督教的地位，讓基督教在世界文明裡占有一席之地。故事的內容大致如下：「尋找天堂，就如同一位尋覓美麗珍珠的商人，只要他找到最美麗的珍珠，就會賣掉手上擁有的一切，立刻買下這顆珍珠。」

我們應該可以想像這位商人遇到完美珍珠之前就已經非常富有。他或許也覺得自己的財富相當雄偉壯觀。但是，商人非常睿智，只要找到最重要的目標——完美的珍珠——就會知道自己原有的財富根本無法與完美珍珠相提並論。

我想表達的重點是，商人不只是驚呼一聲：「真是漂亮的珍珠！」之後，就忘了這回事。他也沒有在心裡過度膨脹現有財產的價值，或者貶抑珍珠的價值。商人不懶惰，也不膽怯，更沒有讓機會悄悄溜走。他的心意堅決，不會被任何人說的話所改變。他採取了關鍵的行動，變賣所有財產，順利買下珍珠。

像我這樣的基督徒會明白，耶穌希望聽眾重視天堂。他期待追隨者能夠付出一切讓自己進入天堂。然而，對我們來說，重點不是珍珠的價值，而是商人採取的行動。商人替我們示範了極簡主義的智慧。

用另外一個角度來看這個故事，極簡主義就是「賣掉」現有財產的過程，而「珍珠」是我們採用極簡主義生活之後能夠追求的目標。你必須定義自己的珍珠。無論你的珍珠是什麼，請思考商人的作為，然後勇敢行動，付出一切來追求你的珍珠。不要讓任何藉口阻礙你，極簡主義生活的追隨者，值得更好的生活。

你如果正在思考追求夢想的計畫，請讓我提供尋找完美珍珠的建議。這些建議可以鼓勵你，但也是你的挑戰。

追求夢想的建議

無價珍珠的故事顯示出一個重要的原則：生活就是做選擇，有些選擇更有價值。有些事情更重要。有些事情不重要。能夠清楚辨明的人，才可以擁有更美好的生活。有些東西，值得我們不惜一切代價去追求。

這是極簡主義的核心原則。比起購物與獲得物質生活的快感，我們應該追求更重要的目標。只要我們能夠摒除雜念，看清楚眼前的契機，我們就不會覺得自己犧牲了一切。相反的，還會發現這是最聰明的生活方式。

我的極簡主義生活之旅就從這裡開始。我明白物質生活阻礙了我與五歲兒子的相處時間之後，捨棄多餘的物品反而變得很輕鬆。我看到了珍珠，而用一切交換這顆珍珠是最睿智的決定。

一旦極簡生活帶給你更多自由之後，你仍然要記得「有些選擇更有價值」的原則。你可以做任何喜歡的事，但你要記得，自己無法完成所有的事。你可以把極簡主義帶來的「時間利息」投入在任何地方，但不是所有地方。因此，最好的選擇是什麼呢？

我一直重申你能夠自己選擇或定義最重要的人生目標。這是事實。你可以自由選擇。我沒有資格要求你如何使用極簡主義帶來的自由。

然而，我仍然想要提醒讀者。你的時間很寶貴，不應該浪費在追求物質生活的享樂；極簡主義帶來的自由同樣珍貴，也不應該用來追求自私的目標。因此，你的目標不應該只是為了自己，也要照顧別人。

極簡生活可以讓你搬到濱海小屋，鎮日悠閒地釣魚。或者，你也可以天天都打高爾夫球。如果這是你的人生目標，也沒有關係。但我猜你還有更好的選擇，就是改善別人的生活。

你想不想善用多年來累積的專業知識，免費指導一位剛創業的新人呢？

或者，你想在居家社區推行一項照顧街友的公共服務計畫？

也許，你想在母校成立獎學金？

你想不想率領教會的牧師？

你想召集一群醫師與牙醫，前往缺乏醫療資源的國家地區提供免費醫療服務？

你想把母親接回家裡，不要讓她孤單地住在老人中心？

學會極簡主義生活之後，如果你仔細思考，就會自然而然地想要服務他人。極簡主義本身就是一種無私的行為，因為採行極簡主義的人，不會佔用他人需要的資源。所以，把極簡主義創造的資源，用來服務他人，其實是非常符合相同精神的邏輯推演結果。

然而，照顧自己與服務他人沒有衝突。你可以釣魚休閒，同時負責率領教會的牧師。你也能夠偶爾打高爾夫球，同時指導剛創業的新人。

但我不樂見讀者完全無視他人的需求。事實上，如果你必須在「自己」與「他人」中做選擇，我更希望你選擇幫助他人。因為，**幫助他人才是真正有價值的行為。**

許多偉大的夢想都在追求幫助他人，這不是沒有原因的。服務他人，不只會改變我們自己，也會改善他人的生活。假如我們的行為能夠成為一種楷模，供別人效法，就代表幫助他人其實創造了許多附加益處。

幫助他人，能夠讓人們團結在一起，而不是放任他們孤獨地活著。助人能夠減少人類的孤獨與恐懼，嫉妒與怨恨。這個世界有時候太過於黑暗與悲傷，而幫助他人能夠帶來光明與歡愉。

最偉大的夢想通常是無私的夢想，背後還有另外一個理由：從長遠的角度來說，服務他人帶來的滿足，遠遠勝過於實現自私的夢想。

兩種矛盾

這本書的主題是極簡生活，你可以用更少的東西過生活，並且得到更多收穫。極簡主義的重點是降低你的物質生活需求，所以你的生活更寬裕，充滿熱情與目標。擁有更少，才能得到更多，這是第一種矛盾。

但是，我們觀察極簡主義帶來的金錢、時間和自由之後，就會看到第二種矛盾。追求自我中心的目標可以帶來一些快樂，但服務他人得到的快樂更好，更能實現我們的生命價值。聽起來很詭異，但這是事實。

我相信有些讀者會認為這種想法很牽強、老派或者不切實際。他們相信，在人吃人的世界裡，他們必須對自己最好，否則沒人會管他們的死活。這種想法未免過於短視近利。

事實已經一再證明，願意服務他人的朋友擁有更好的自尊、更好的心態調整能力以及更快樂的心情。利他主義甚至能夠延年益壽。他們的社交關係變好，而且人人都從中受惠，因為公民活動參與情況良好的社群是更穩定安逸的生活環境。

研究者指出，參與志工活動能夠改善青少年的成績、自我認同和生活態度。服務他人也能夠減少毒品使用率，並且大幅度降低青少年輟學與懷孕的情況。選擇幫助他人向來也被視為最重要的改善生活方法之一。

提出最重要的結論之前，請容我重申一次，我不是徹底反對自利。追求快樂或滿足自我需求是健康的行為。滿足靈魂、享受娛樂與照顧自己當然很重要。

然而，如果我們追求的快樂只對自己有益，這種快樂並不是真正純粹的快樂。這樣的珍珠也非完美無瑕。因此，也許讀者會覺得很奇怪，但通往永恆快樂與滿足的道路，並不是滿足自己，而是幫助他人。

請你思考幫助別人可以帶來什麼？你的生活會徹底改變。放下私利，幫助別人，我們會得到更寬闊的自由。我們的生活壓力、焦慮與挫折都會減少。我們開始覺得更能夠實現自己的使命，更有活力，生命也變得更完整。利他生活讓我們不再追求私欲。我們肩膀上的重負消失了，因為我們再也不需要用權力來壓制他人。我們知道自己在追求重要的事情。我們找到了人生目標而且心滿意足。

你或許已經聽過類似的想法。事實上，你可能早就已經開始追求服務他人的夢想。如果是這樣，我真的很興奮！我猜想，這是因為你跟我一樣，已經體驗到服務他人帶來的喜悅，所以你想要服務更多人。極簡主義會用意想不到的方式，讓你拓展、精煉並且實現人生目標。

我希望你的夢想變得更廣大，更有成就感。只要你的夢想是幫助他人，一定能夠實現這個目標。

孟加拉詩人羅賓德拉納特．泰戈爾曾說：「我夢見喜悅的生活，我醒來之後看見服務他人的生活，於是我採取行動，並且見證服務他人帶來的喜悅。」我想談一下自己是怎麼看見服務他人的生活，而服務他人又如何帶給我無比的喜悅。

希望的力量

寫這本書的時候，我收到了出版社預先支付的稿費，我和小金很猶豫要怎麼使用這筆重要的金錢。我們一直保持極簡生活，已經不需要支付購屋、購車、高額消費或者購買新的客廳家具。我們也用不到事業周轉金、退休金或者小孩的大學教育經費。感謝極簡主義，我們的生活很寬裕。

宗教給我們的教育以及其他人的良好示範，讓小金和我明白協助他人可以讓我們的生命變得更完整。因此，我們決定把這本書的稿費捐出去。我曾經在第一章短暫提過，我們先前成立了「希望的力量」組織。這個非營利組織的主要宗旨，在於改善全世界孤兒的生活環境，讓他們有家的感覺。

孤兒面臨的嚴重問題，並非一般人能夠理解。全世界大約有兩千六百萬名兒童失去了雙親。孤兒院常有制度過於冰冷、不夠溫暖的問題，導致孤兒沒有辦法在充滿愛的環境裡得到足夠的人際互動。

許多孤兒因為年紀過大而離開孤兒院之後，沒有辦法跟上其他小孩的成長。他們的未來只剩下犯罪、賣淫或者流浪街頭。

「希望的力量」組織提供擁有雙親的家庭風格收容中心，讓每個小孩都有成長茁壯的機會。我們用真正的答案處理真正的問題。

我們的努力會有什麼結果呢？我們當然不知道。隨著時間經過，「希望的力量」當然也會成長改變。我們也會犯錯。但是，我們發自內心的相信，「希望的力量」能夠造福全世界最脆弱的孤兒。

整個故事最美好的地方在於，孤兒照顧計畫的重大資金來源是《成為極簡主義者》部落格的讀者社群。極簡主義者提供了金錢資源！全世界許許多多的朋友相信，他們自己的生活因為極簡生活變得更好。他們已經不需要買東西或保養物品，他們能夠用這些金錢資源照顧其他人。他們讓孤獨的孩子找到家。讀者能不能想像他們知道自己正在照顧孤兒時的喜悅呢？我可以，因為我也有同樣的喜悅。

我想要和讀者分享「希望的力量」，不是因為我和小金是特別的人，而是因為我們非常平凡！我們原本沒有任何慈善活動經驗。一開始，我們只想過極簡生活，減少家裡的物品。但是，當我們開始追求極簡生活，我們的熱情改變了，我們看見了最美麗的珍珠。如果我和小金做得到，任何人都做得到，你也一定可以。

你當然不必成立自己的非營利組織。你可以先從更輕鬆隨意的非正式公益活動開始。動手做吧！所有慈善公益都是好事。

我認識很多捐贈私人財產的極簡主義者，他們最後找到了自己的目標，開設公平交易事業、深入參與環境保護研究、捐贈金錢給宗教團體、在自家社區擔任志工，或者在寮國建設學校。你的目標是什麼呢？

重點是立刻開始。你已經有改善他人生活的影響力了，完全不需要等待。機會就在眼前，無論你在哪裡，就從今天開始吧！

日常生活的影響力

我相信本章的內容一定能引起你的共鳴。你可能已經擬定了幫助別人的計畫，就算還沒，也應該開始下定決心要開始幫助他人了。你靈魂的深處有一個聲音正在說：「沒錯！我要做大事！我要幫助別人！」

我們都想要讓自己的生命變得重要，可以改變這個世界。我們生來就有一種渴望，渴望完成比自己更偉大的目標。

請你環顧周遭。這個世界非常在乎影響力。我們花錢購買影響力，為了影響力而奮鬥，甚至潛心鑽研如何增加自己的影響力。我們的世界用影響力來評估一個人，把影響力當成優秀與否的標準，甚至為了愚蠢的原因，認為影響力決定了一個人。我們持續為了增加影響力而奮鬥，卻忘了一個重要的真相。

我們早就有影響力了！我們每個人都可以影響其他人。從極簡主義的角度來說，我們已經擁有一切，能夠改善其他人的生活。

無論家庭、職場、網路或者社區裡，任何時間與地點，我們的生活已經與其他人的生活相連與共。我們可以影響其他人。每一天，我們說的每一個字，我們臉上的表情，我們採取的行動，還有我們做的決定，全都會影響其他人。五個人、五十個人或五百個人，無論多少人，我們的生活都會掀起漣漪，其影響力無遠弗屆。

人與人之間沒有中性的互動，只有正面影響或負面影響。我們可以讓別人的生命變得更珍貴，或者奪走其生命的價值。我們的影響力是重要的改變因子，但也可能只是用來維持現況。我們的影響力可以讓世界變得更好，也能夠把世界變得更糟，更難以忍受。

請你相信自己。你可以改變世界。你應該懷抱著正確的目標，善用自己的影響力。

你、我還有全世界的極簡主義者都知道，我們已經擁有足夠的資源，能夠改善他人的生命，而且我們可以馬上開始。讓我們一起慶賀彼此的成長，鼓勵彼此的勇氣，一起追求正面積極的改變！

越來越多的好結果

如果極簡主義讓你得到夢想中的閒適，我希望你好好享受。

如果你終於開始實現人生目標，我也覺得很棒。

如果你越來越享受人生，不再沉溺於物質，我也有一樣的感觸。

請你放棄多餘的物品，勇敢追夢。放棄你的物質欲望，可以讓你得到自由與機會，實現內心嚮往的人生。

如果你希望極簡主義帶來的好處能夠發揮最大效果，請記得幫助別人。你的家人、社區鄰里，還有全世界的貧苦者，全都需要你的協助。只要你願意無私奉獻，你會感受一股美好。自私自利的人生目標沒有辦法讓你品嚐這股美好。

隨著時間經過，我相信你會越來越明白如何有效率地協助他人。我和妻子小金一直都在努力讓「希望的力量」可以提供更多服務。我們相信以後會有更多服務他人的機會，我們也會想到更多服務的方法。同樣的，我也相信你會想要奉獻，想要完成更多偉大的目標，並且越來越熟練地發揮你的影響力。

這就是真正的「少即是多」。我們對於世界的貢獻，絕對不是房子的大小、汽車的豪華程度，或者牛仔褲上的標籤。睿智的生活方式以及改善他人的生命，才能創造偉大的生活。

請你善用自己的人生，勇敢追求偉大的夢想。

起身實現你的夢想吧！

謝辭

我第一次與經紀人克里斯．費雷比討論此書時，他想知道我為什麼希望和一間傳統出版社合作。他很清楚，既然我是一位部落客，已經習慣自由寫作。但是，早在克里斯發問之前，我心裡就有答案了。我說：「克里斯，我想寫一本更好的書，這就是原因。與出版社團隊合作，我的寫作會比孤軍奮鬥更好。這個想法很重要，我自己一開始也沒辦法下定決心。」

我知道自己想和出版社合作。但是，我連做夢都沒有想到自己要投入這麼多努力、承諾並且摒除雜念，才能完成讀者手上的這本書。這本書的誕生不是我自己的功勞，而是整個團隊的努力。我一定要好好向他們道謝。

我希望自己在這裡可以感謝每個參與的朋友，無論份量或重或輕。但是，要感謝的人太多，篇幅卻太少。有些朋友投入《擁有越少，越幸福》的努力，特別值得表達謝意。

感謝艾瑞克·史丹佛，他是這本書的編輯，也是我的新朋友。沒有人可以比得上他在這本書投入的時間。有時候，我甚至覺得他投入的時間比我還多。經過無數次的修改、電子郵件討論以及電話溝通，你讓我的想法與文字有了深度，你讓這本書好上一千倍。艾瑞克，我從內心感謝你。

我的經紀人克里斯·費雷比，感謝你從一開始提出的所有艱難問題，並且把這本書帶往正確的方向。如果沒有你，就不會有這本書。我永遠感激你的付出。除此之外，謝謝你如此在乎我。你對我本人的在乎，甚至超過了這本書。你是寫作過程裡最值得信任的人。

感謝瓦特布魯克與莫拿馬出版社。第一次與出版社的蘇珊·傑登和大衛·克波通電話時，我坐在臥室的椅子上。掛電話的時候，我已經下定決心，一定要把稿子交給他們出版。他們非常瞭解我的熱情、想法與使命，無人能夠與他們相提並論。感謝蒂娜·坎斯坦波把我的寫作計畫介紹到出版社，並且大幅強調這本書的潛力。我由衷感謝瓦特布魯克所有工作伙伴，包括封面設計、行銷、責任編輯、審稿人與每一位朋友。

我也感謝帶我認識極簡主義，並且協助我改善想法的朋友。您的想法可能被本書直接引用或者成為核心概念，您的奉獻已經深植在本書文字和我的生命裡。

我由衷感謝「成為極簡主義者」部落格的讀者朋友。謝謝你們的留言、電子郵件、分享的故事以及實際參與活動。你們讓我感受到寫作的樂趣。你們是我獨坐在電腦前熬夜寫作的動力。

剛開始寫作的時候，我還住在佛蒙特，書稿完成時，我已經搬到亞利桑那，但是我的心永遠都在南達科他州。我對父母和家人的愛溢於言表。謝謝你們相信我，並且讓我的人生能夠建立在名譽與信任、和平與堅毅、仁慈與愛之上。

最後，我要感謝最重要也最可靠的人，我的妻子小金，還有美麗的孩子薩林與愛莉莎。你們的熱情與歡笑讓我的生命變得愉悅，提升我的人生，讓我充滿工作的靈感。這本書讓我自豪，但你們讓我更驕傲。我希望這個世界能夠賜福你們的人生。

我也由衷希望所有人都能夠找到比物質更重要的生活目標。

擁有越少，越幸福：擺脫物質束縛，讓人生煥然一新的極簡之道

The More of Less: Finding the Life You Want Under Everything You Own

作　　者／約書亞・貝克（Joshua Becker）
譯　　者／柯博昌
企 劃 選 書／韋孟岑
責 任 編 輯／韋孟岑
版　　權／吳亭儀、翁靜如、黃淑敏
行 銷 業 務／闕睿甫、石一志

總　編　輯／何宜珍
總　經　理／彭之琬
發　行　人／何飛鵬
法 律 顧 問／元禾法律事務所　王子文律師
出　　版／商周出版
台北市中山區民生東路二段141號9樓
電話：(02) 2500-7008 傳真：(02) 2500-7759
E-mail：bwp.service@cite.com.tw
Blog：http://bwp25007008.pixnet.net/blog
發　　行／英屬蓋曼群島商家庭傳媒股份有限公司城邦分公司
台北市中山區民生東路二段141號2樓
書虫客服服務專線：(02)2500-7718・(02)2500-7719
24小時傳真服務：(02)2500-1990・(02)2500-1991
服務時間：週一至週五09:30-12:00・13:30-17:00
郵撥帳號：19863813　戶名：書虫股份有限公司
讀者服務信箱E-mail：service@readingclub.com.tw
歡迎光臨城邦讀書花園　網址：www.cite.com.tw
香港發行所／城邦（香港）出版集團有限公司
香港灣仔駱克道193號東超商業中心1樓
Email：hkcite@biznetvigator.com
電話：(852)2508-6231　傳真：(852)2578-9337
馬新發行所／城邦(馬新)出版集團 【Cite (M) Sdn. Bhd.】
41, Jalan Radin Anum, Bandar Baru Sri Petaling,
57000 Kuala Lumpur, Malaysia
電話：(603)90578822　傳真：(603)90576622
Email：cite@cite.com.my
商周出版部落格／http://bwp25007008.pixnet.net/blog
行政院新聞局北市業字第913號

封 面 設 計／李涵硯
內頁設計及完稿／唯翔工作室
印　　刷／卡樂彩色製版印刷有限公司
總　經　銷／聯合行銷股份有限公司　客服專線：0800-055-365
電話：(02)2668-9005　傳真：(02)2668-9790

■ 2017年（民106）12月07日初版
■ 2021年（民110）01月15日初版5刷
Printed in Taiwan
定價／350元

ISBN：978-986-477-361-9

城邦讀書花園
www.cite.com.tw

國家圖書館出版品預行編目資料

擁有越少，越幸福：擺脫物質束縛，讓人生煥然一新的極簡之道/ 約書亞.貝克（Joshua Becker）著；柯博昌譯.
-- 初版. -- 臺北市：
商周出版：家庭傳媒城邦分公司發行, 民106.12
296面；14.8*21公分
譯自：The more of less : finding the life you want under everything you own
ISBN 978-986-477-361-9(平裝)

1.簡化生活 2.生活指導

192.5 106021730